Diane Boi



# Croque-dictées

3e année

Exercices et dictées

TRÉCARRÉ

**Catalogage avant publication de la Bibliothèque nationale du Canada**

Boileau, Diane, 1948-

Croque-dictées : 1re[-6e] année

2e éd.

Publ. antérieurement sous le titre : Les aventures de Mollo.

ISBN 2-89568-008-6 (v. 1)

ISBN 2-89568-154-6 (v. 2)

ISBN 2-89568-155-4 (v. 3)

ISBN 2-89568-237-2 (v. 4)

ISBN 2-89568-238-0 (v. 5)

ISBN 2-89568-239-9 (v. 6)

1. Français (Langue) – Dictées – Ouvrages pour la jeunesse. 2. Français (Langue) – Orthographe – Problèmes et exercices – Ouvrages pour la jeunesse. 3. Français (Langue) – Grammaire – Problèmes et exercices – Ouvrages pour la jeunesse. 4. Enseignement primaire – Participation des parents. I. Titre. II. Titre : Les aventures de Mollo.

PC2143.B645 2004 448.2'076 C2004-940628-0

*Nous reconnaissons l'aide financière du gouvernement du Canada par l'entremise du Programme d'Aide au Développement de l'Industrie de l'Édition pour nos activités d'édition.*



*Couverture :*
Kuizin studio

*Conception de la grille :*
Cyclone Design Communications

*Mise en pages :*
Ateliers de typographie Collette inc.

*Illustrations :*
Christine Battuz



**ISBN 2-89568-155-4**

Dépôt légal – 2004
Bibliothèque nationale du Québec

Éditions du Trécarré
7, chemin Bates, Outremont (Québec) H2V 4V7 Canada

# Mot aux parents

## Mon enfant fait-il trop de fautes en écrivant ?

*Bateau* s'écrit-il *bateau* ou *batau* ? Prend-il un *s* ou un *x* au pluriel ? Que signifient les mots *pluriel*, *accent circonflexe*, *synonyme* et *sujet du verbe* ? Apprendre à bien écrire en français n'est pas chose facile. Pensons seulement aux nombreuses règles grammaticales à comprendre et à appliquer, à tous les modes et temps de verbes à mémoriser, de même qu'à tous les mots de vocabulaire dont il faut retenir l'orthographe et la signification. Devant tant d'éléments à assimiler, il faut comprendre que l'apprentissage de l'orthographe se fait lentement, progressivement, au fil des années.

## Comment sont structurées les leçons ?

Le dragon Gustave accompagne votre enfant tout au long du cahier divisé en 20 leçons. Chacune comporte :

- trois notions de grammaire, d'orthographe ou de conjugaison à comprendre et à étudier ;
- des exercices pratiques pour les appliquer ;
- des mots de vocabulaire et des mots invariables à mémoriser ;
- des phrases à lire pour comprendre le sens des mots à étudier ;
- deux dictées à donner à votre enfant à la fin de la leçon pour réviser les notions, les mots de vocabulaire et les mots invariables étudiés.

## Comment répartir le temps des leçons ?

Nous vous conseillons de faire en moyenne une leçon par semaine.

1er et 2e jour : faire étudier les notions et exécuter les exercices pratiques correspondants.

3e jour : faire mémoriser les mots de vocabulaire et les mots invariables ;

4e jour : donner la dictée trouée ;

5e jour : donner la dictée complète.

## Comment corriger les exercices et donner les dictées ?

Vous trouverez les corrigés de tous les exercices et les dictées à donner à votre enfant sur des feuilles détachables à la fin du cahier.

Les mots des dictées ne sont pas tous étudiés. Votre enfant devra parfois faire appel à ses connaissances pour écrire ses dictées.

- S'il ne sait pas comment écrire le mot *promenade*, par exemple, vous pouvez l'aider en lui disant qu'il s'écrit comme il se prononce et lui dicter le mot par syllabes : pro/me/na/de.
- Il y a des mots que vous devrez lui épeler parce qu'il ne les a jamais appris. Exemple : *Jean-Sébastien* ou *Veux-tu* ?

## En quoi consiste le jeu des pages centrales du cahier ?

Ce jeu amusera votre enfant et l'encouragera à continuer son travail. Il s'agit d'un message secret écrit par Gustave. Après avoir corrigé chaque exercice dûment complété par votre enfant, celui-ci peut aller inscrire à l'endroit approprié une lettre correspondant au numéro de l'exercice et de la leçon qu'il vient de terminer. Ces lettres sont écrites autour de l'illustration. Vous devrez vérifier si votre enfant inscrit bien la lettre au bon endroit. Finalement, il peut colorier l'illustration si le coeur lui en dit.

# Table des matières

## Mot à l'enfant

Allô !

Je m'appelle Gustave. Comme toi, je suis en 3e année. Patiemment, un peu à la fois, j'apprends à lire et à bien écrire le français. Il y a des mots et des règles d'orthographe qui sont très faciles. Mais il y en a aussi qui sont tellement difficiles à retenir que je dois les étudier plusieurs fois.

J'ai hâte de travailler avec toi. Ce sera plus facile à deux. Voici comment nous allons faire.

1. Lire attentivement, comprendre et étudier les tableaux de conjugaison et les règles de grammaire et d'orthographe.

2. Faire soigneusement les exercices de la leçon.

3. Mémoriser les mots qui seront dans les dictées. Les mots de vocabulaire sont écrits sur une feuille comme celle-ci :

Ceux qui sont dans la bulle de ma pensée comme ceci sont des mots qui s'écrivent toujours de la même manière.

Mon professeur m'a dit qu'on les appelait des *mots invariables* parce qu'ils ne changent jamais.

4 Écrire avec application les dictées données par papa ou maman.

Veux-tu connaître mon message secret? Tu le trouveras sur les pages situées au centre de ton cahier. Autour de l'illustration à colorier, j'ai mêlé toutes les lettres de mon message. Pour le découvrir, tu devras replacer les lettres au bon endroit. Tu pourras en placer une chaque fois que tu auras terminé un exercice. Dès que papa ou maman aura fini la correction, va écrire la lettre qui correspond au numéro de la leçon et de l'exercice. Exemple : leçon 8, exercice 3 = 8.3.

Bon travail !

Gustave

Leçon 1

Un verbe peut se conjuguer à trois personnes.

| | Singulier | | Pluriel | |
|---|---|---|---|---|
| 1^re^ personne | **je** | parle | **nous** | parlons |
| 2^e^ personne | **tu** | parles | **vous** | parlez |
| 3^e^ personne | **il, elle, on** | parle | **ils, elles** | parlent |

Une phrase commence toujours par une lettre majuscule et se termine par un point.
Ex.: **J**'ai terminé mon devoir**.** **A**s-tu fini le tien**?**

- Un nom **commun** peut désigner une personne, un animal, une chose, un sentiment, etc. Il commence par une lettre minuscule : un **b**oulanger, un **é**léphant, une **a**utomobile, une **a**mitié.
- Un nom **propre** peut désigner une personne, un lieu, un peuple, etc. Il commence par une lettre majuscule : **A**nnie **T**remblay, la ville de **C**hicoutimi, les **Q**uébécois.

## Lecture

L'artiste donne son spectacle **sur** cette piste. • Le lion **de** ce cirque s'agite **dans** sa cage. • Les enfants apprécient le numéro des clowns.

## 1 Recopie les verbes suivants dans le ballon correspondant à sa bonne personne de conjugaison.

il cherche, elles chantent, tu cours, nous prenons,
je crois, on pense, vous savez, je veux,
nous allons, tu dis, ils dorment, vous êtes.

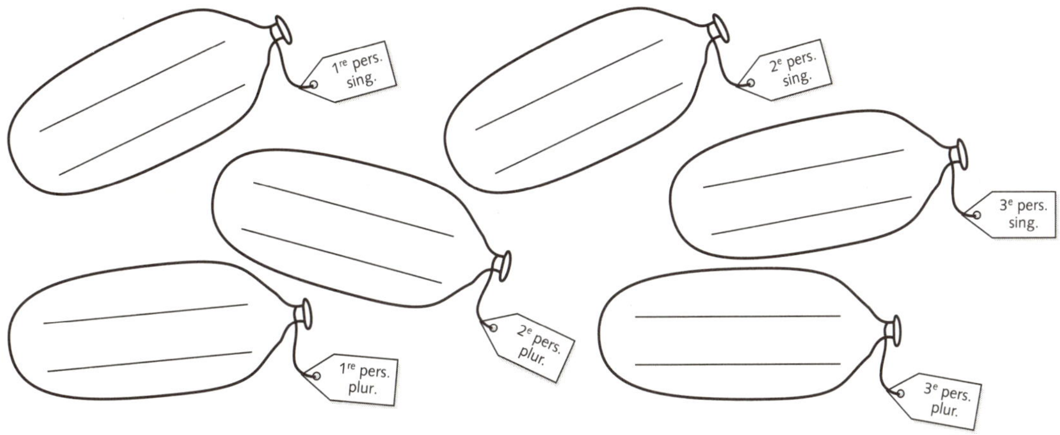


## 2 Relie les mots de la 1re colonne aux phrases de la 2e colonne.

| | |
|---|---|
| Ton cousin | Elles mangent. |
| Ta soeur | Il mange. |
| Sébastien et Hugo | Elle mange. |
| Les hirondelles | Ils mangent. |
| Ses cousines | Ils courent. |
| Le chien | Elle court. |
| Les enfants | Elles courent. |
| Karine | Il court. |

## 3 Ajoute les lettres majuscules et les points manquants de chaque phrase.

mon amie s'appelle marie-josée laliberté

nous visiterons de belles régions du québec cet été

avez-vous nourri fido ce matin

## Voici comment se conjugue le verbe *avoir* à l'indicatif présent.

| | | | |
|---|---|---|---|
| j' | **ai** un livre | nous | **avons** peur |
| tu | **as** mal à la jambe | vous | **avez** huit ans |
| il / elle / on | **a** très chaud | ils / elles | **ont** le même âge |

**a** ou **à**?

Attention. Il ne faut pas les confondre.

- Si je veux écrire **a**, je pense au verbe avoir à l'imparfait (avait).
  Ex.: Cet arbre **a** plusieurs feuilles (avait plusieurs feuilles). Elle **a** gagné ce concours (avait gagné ce concours).
- Si je veux écrire **à**, je pense qu'il faut compléter une idée.
  Ex.: Je vais **à**... l'école. Il part **à**... quatre heures.

Sauf aux verbes, j'ajoute un **s** aux mots pour signifier qu'il y en a plusieurs. C'est la règle générale du **pluriel**.

Ex.: un ami poli et intelligent (singulier): de**s** ami**s** poli**s** et intelligent**s** (pluriel).

### Lecture

Je vais **surtout** au zoo **pour** m'amuser. • Les éléphants prennent leur repas **à** quatre heures. • La girafe et le zèbre sont chez le vétérinaire.

## 1 Mémorise le verbe *avoir* à l'indicatif présent avant de compléter ces phrases.

Tu ________________ beaucoup d'amis. Le lapin ________________ creusé son terrier. J'________________ perdu mon livre. Nous ________________ des jeux intéressants. Elles ________________ beaucoup de travail. Vous ________________ raison.

## 2 Complète les phrases en écrivant *a* (avait) ou *à*.

Ma chatte _____ quatre ans. Justin _____ un sac _____ dos bleu. Elle _____ soif. Ceci est une planche _____ repasser. Je t'attendrai _____ la gare. Mon cousin vit _____ Québec. Ta soeur _____ les cheveux blonds. La poire _____ des pépins. On _____ pris l'autobus _____ trois heures.

## 3 Écris les mots suivants au pluriel.

un lièvre : deux ________________

une girafe : trois ________________

la tortue : quatre ________________

la poire : cinq ________________

le loup : les ________________

l'oie : les ________________

le livre : les ________________

un bonbon : des ________________

la chatte : les ________________

un sac : des ________________

un fruit : des ________________

un ami : des ________________

# Leçon 3

**Voici comment se conjugue le verbe *être* à l'indicatif présent.**

| | | | |
|---|---|---|---|
| je | **suis** à l'école | nous | **sommes** heureux |
| tu | **es** malade | vous | **êtes** derrière nous |
| il / elle / on | **est** chanceux | ils / elles | **sont** bien ensemble |

**et** ou **est** ?
Attention. Il ne faut pas les confondre.

- Si je veux écrire **et**, je prononce **é** dans ma tête et j'ajoute quelque chose : le soleil **et** la lune.
- Si je veux écrire **est**, je prononce **è** dans ma tête et j'écris le verbe *être* : La souris **est** agile.

Les mots qui prennent un **x** au pluriel sont ceux qui se terminent par **au**, **eau**, **eu** et **al**. Ex. :

un tuyau = des tuyau**x** (sauf landaus et sarraus)

un chapeau = des chapeau**x**

un jeu = des jeu**x** (sauf bleus et pneus)

un animal = des animau**x** (sauf bals, carnavals, festivals, finals, récitals et quelques autres...)

## Lecture

Le bébé requin est **bien** content de s'amuser. • Il est **très** gentil avec sa soeur. • Il nage dans l'océan **avec** beaucoup d'adresse.

## 1 Mémorise le verbe *être* à l'indicatif présent avant de compléter ces phrases.

Tu __________ chanceux. Le renard __________ dans sa tanière. Je __________ une bonne lectrice. Nous __________ de bons amis. Elles __________ parties les premières. Vous __________ au coeur de l'action.

## 2 Complète en écrivant *et* ou *est*.

Xavier __________ un enfant gentil __________ poli. Sonia mange son yogourt __________ son fruit. Cet air __________ très mélodieux. Guillaume __________ parti. Sandra s'achète un bonbon __________ de la crème glacée. Joséphine __________ une mignonne petite souris.

## 3 Écris au pluriel les mots entre parenthèses.

Il a trouvé (un boyau) ______ __________ parmi (le râteau) ______ __________ et (le marteau) ______ __________. Cette bicyclette est vendue avec (un pneu) ______ __________ larges et (un feu) __________ __________ rouges et (bleu) __________. (Mon neveu) ______ __________ ont (un nouveau chapeau) ______ __________ __________. (L'animal) ______ __________ font (un récital) ______ __________ harmonieux.

Leçon 4

**Observe bien la terminaison du verbe modèle aim*er* à l'indicatif présent. Les verbes parl*er*, chant*er*, cherch*er*, touch*er*, etc. se conjuguent tous de la même manière.**

| | | | |
|---|---|---|---|
| j' | aim**e** | nous | aim**ons** |
| tu | aim**es** | vous | aim**ez** |
| il / elle / on | aim**e** | ils / elles | aim**ent** |

Apprends bien la différence entre les accents.

- Accent aigu: **é** (**é**cole, **é**pingle, f**é**minin)
- Accent grave: **è**, **à**, **ù** (m**è**re, voil**à**, o**ù**)
- Accent circonflexe: **ê**, **â**, **î**, **ô**, **û** (f**ê**te, **â**ne, **î**le, fant**ô**me, fl**û**te)

Les mots terminés par **ou** et **ail** suivent la règle générale du pluriel : on leur ajoute un **s**. Ex. :

un clou = des clou**s** (sauf bijoux, cailloux, choux, genoux, hiboux, joujoux, poux)

un chandail = des chandail**s** (sauf baux, coraux, émaux, travaux, vitraux et quelques autres...)

## Lecture

Les enfants s'amusent **déjà**. • C'est **bientôt** le mois de février. • J'aime bien les fêtes et les cadeaux. • Il reste **encore trop** de neige. • Les fleurs poussent. Bonjour, printemps.

## 1 Ajoute la bonne terminaison des verbes en *er* à l'indicatif présent.

| je | tu | il, elle, on |
|---|---|---|
| parl_____ | regard_____ | pens_____ |
| croqu_____ | dans_____ | mang_____ |
| mont_____ | march_____ | chant_____ |
| **nous** | **vous** | **ils, elles** |
| profit_____ | regard_____ | jou_____ |
| fêt_____ | gagn_____ | nag_____ |
| rest_____ | devin_____ | écout_____ |

## 2 Pauvre Gustave, il a perdu ses accents ! Aide-le à les replacer.

une fenetre ensoleillee, un gout prononce, un carre de liege, une chevre blessee, des vetements seches, des levres gercees, une espece decouverte, une bete gelee, un hopital repute, une reponse exacte, un frere attriste, une fete organisee, un crane allonge.

## 3 Ajoute aux mots suivants la terminaison du pluriel qui convient.

**ous oux ails aux**

| | | |
|---|---|---|
| des caill_____ | des kangour_____ | des trav_____ |
| deux cl_____ | six vitr_____ | dix gen_____ |
| trois chand_____ | sept hib_____ | onze épouvant_____ |
| quatre dét_____ | huit min_____ | douze bij_____ |
| cinq ch_____ | neuf évent_____ | treize ém_____ |

## Leçon 5

**Observe bien la terminaison du verbe fin*ir* à l'indicatif présent. Les verbes *grandir*, *bâtir*, *réussir*, etc. se conjuguent tous de la même manière.**

| | | | |
|---|---|---|---|
| je | fini**s** | nous | finiss**ons** |
| tu | fini**s** | vous | finiss**ez** |
| il / elle / on | fini**t** | ils / elles | finiss**ent** |

Devant **a**, **o** et **u**
Le **c** et le **g** ont un son **dur**.
Ex.: c**a**nard, c**o**lle, c**u**lotte
g**a**re, g**o**rille, fig**u**re

Devant **e** et **i**
Le **c** et le **g** ont un son **doux**.
Ex.: c**e**rise, c**i**tron
g**e**nou, g**i**rafe

Si le **c** veut avoir un son doux devant **a**, **o** et **u**, il doit ajouter une cédille sous lui: fa**ça**de, gar**ço**n, aper**çu**.
Si le **g** veut avoir un son doux devant **a** et **o**, il doit ajouter un **e** après lui: oran**gea**de, chan**geo**ns.

Les mots terminés par **s**, **z** ou **x** sont chanceux. Ils dormaient quand on a distribué les règles du pluriel. Ils s'écrivent donc de la même manière qu'au singulier.
Ex.: une souri**s**, un pri**x**, un ne**z**: des souri**s**, des pri**x**, des ne**z**.

### Lecture

Il y a des gourmands **parmi** nous. • Toi et moi aimons **beaucoup** le gâteau. • Les bateaux avancent **vers** le rivage. • Les souris grignotent les miettes de noix **par** terre.

**1** **Complète la terminaison de l'indicatif présent des verbes en *ir* qui se conjuguent comme le verbe modèle finir.**

Tu fini_______________
Nous réagiss_______________
On réussi_______________
Je choisi_______________
Ils bâtiss_______________
Vous grandiss_______________
Vous réuniss_______________
Tu sali_______________
Elles finiss_______________
Il nourri_______________
Nous pâliss_______________
Je bâti_______________

**2** **Gustave n'a pas très bien compris quand les *c* ou les *g* ont un son dur ou doux. Récris ses mots correctement.**

glaçe _______________
geâteau _______________
çigare _______________
facon _______________
plongon _______________
astuçe _______________
mageasin _______________
fauçon _______________
çonfiture _______________

**3** **Quelques mots qui ne changent pas au pluriel se sont cachés parmi d'autres. Peux-tu les encercler ?**

| | | | |
|---|---|---|---|
| souris | soulier | prix | chapeau |
| cadeau | ananas | voiture | tapis |
| noix | lampe | repas | choix |
| chandail | croix | veste | lit |
| chocolat | chaise | nez | école |

# Leçon 6

**Observe et étudie bien la conjugaison des verbes suivants à l'indicatif présent.**

| **Aller** | | | |
|---|---|---|---|
| je | vais | nous | allons |
| tu | vas | vous | allez |
| il / elle / on | va | ils / elles | vont |

| **Faire** | | | |
|---|---|---|---|
| je | fais | nous | faisons |
| tu | fais | vous | **faites** |
| il / elle / on | fait | ils / elles | font |

| **Dire** | | | |
|---|---|---|---|
| je | dis | nous | disons |
| tu | dis | vous | **dites** |
| il / elle / on | dit | ils / elles | disent |

Devant les lettres **m**, **b** et **p**, je remplace le **n** par un **m**.
Les sons **an**, **en**, **in**, **on** s'écrivent alors **am**, **em**, **im**, **om**.

Observe bien: chanson, enfant, index, oncle
chambre, emmener, important, ombre

Après le mot **de**, un nom s'écrit au singulier ou au pluriel. Je dois réfléchir au sens de ce que j'écris.
Ex.: un sac de pomme**s**: il y a plusieurs pommes dans le sac.
une tasse de thé: dans la tasse, il n'y a pas des thés, il y a du thé.

## Lecture

Mes parents m'achètent une paire de skis. • Je voulais **toujours** voyager depuis **longtemps**. • **Ensuite**, vous ajoutez deux oeufs à votre recette. • **Donc**, tu avais bien raison.

## 1 Relie le verbe à la personne de conjugaison qui convient.

| | | | |
|---|---|---|---|
| il | vont | elle | disent |
| je | faisons | vous | fait |
| vous | dit | nous | vas |
| elles | vais | ils | dites |
| nous | faites | tu | allons |

## 2 Complète les mots en écrivant les lettres *an, en, in, on* ou *am, em, im, om*.

| | | | |
|---|---|---|---|
| c_____tent | _____possible | b_____be | _____porter |
| s_____ge | pl_____che | p_____talon | sept_____bre |
| j_____be | ch_____pignon | b_____bon | m_____ton |

## 3 Complète au pluriel si le sens l'exige.

un champ de patate_____

une tranche de pain_____

un mur de pierre_____

une semaine de congé_____

un manteau de laine_____

un album de photo_____

une balle de golf_____

une paire de soulier_____

un jeu de carte_____

un bloc de ciment_____

une boîte de crayon_____

une pomme de terre_____

## Leçon 1

**Observe et étudie bien la conjugaison des verbes suivants à l'indicatif présent.**

| Prendre | | | | Savoir | | | | Venir | | | |
|---|---|---|---|---|---|---|---|---|---|---|---|
| je | prends | nous | prenons | je | sais | nous | savons | je | viens | nous | venons |
| tu | prends | vous | prenez | tu | sais | vous | savez | tu | viens | vous | venez |
| il, elle, on | prend | ils, elles | prennent | il, elle, on | sait | ils, elles | savent | il, elle, on | vient | ils, elles | viennent |

Aucun moyen de connaître l'orthographe des mots qui contiennent le son **in** (**aim**, **ain**, **ein**, **en**, **im**). Il faut les mémoriser.
Seul le mot souligné de chaque groupe est bien orthographié.
[matain, <u>matin</u>, matein] [<u>demain</u>, demein, demin] [pinture, painture, <u>peinture</u>] [<u>daim</u>, din, dein] [examain, <u>examen</u>, examin]

J'ajoute un **e** aux mots masculins pour les écrire au féminin. C'est la règle générale de la formation du **féminin**.

masculin — féminin
Ex. : un ami poli et intelligent : un**e** ami**e** poli**e** et intelligent**e**.
Attention : les noms comme **enfant** et tous les noms et adjectifs qui finissent déjà par un **e** peuvent être masculins ou féminins. Il faut alors vérifier avec le déterminant.
Ex. : **un** élèv**e** aimabl**e** : **une** élèv**e** aimabl**e** ; **un** gymnast**e** soupl**e** : **une** gymnast**e** soupl**e**.

### Lecture

**Soudain**, le pingouin et l'otarie sont **autour** de lui. • **Demain** matin, je prends l'autobus. • Ce petit coquin me joue **souvent** des tours.

## 1 Complète les phrases avec les verbes *prendre, savoir* ou *venir*.

On ______________________ l'avion qui décolle à neuf heures.

Nous ne ______________________ pas quelle direction prendre.

Mes grands-parents ______________________ de partir.

Vous ______________________ la prochaine rue à droite.

Dominic ne ______________________ pas sur quel pied danser.

Tu ______________________ au cinéma avec nous ?

Louis et sa soeur ______________________ leur temps.

Amélie ______________________ juste de partir.

Je ______________________ où sont cachés les bonbons.

## 2 Encercle le mot orthographié correctement. Sers-toi du dictionnaire au besoin.

[chemain, chemin] [pinceau, peinceau] [cinturon, ceinturon] [certain, certin] [patein, patin] [étint, éteint] [fusain, fusin] [tainture, teinture] [cousain, cousin] [urbain, urbein] [essin, essaim]

## 3 Écris le féminin ou le masculin des mots suivants.

| Masculin | Féminin |
|---|---|
| un ami timide | |
| | une élève persévérante |
| un enfant surpris | |
| | une étudiante pressée |
| | une parente éloignée |
| un adulte serviable | |
| un artiste enthousiaste | |
| | une lapine agile |

# Leçon 8

**Observe et étudie bien la conjugaison des verbes suivants à l'indicatif présent.**

| Voir | | | |
|---|---|---|---|
| je | vois | nous | voyons |
| tu | vois | vous | voyez |
| il / elle / on | voit | ils / elles | voient |

| Pouvoir | | | |
|---|---|---|---|
| je | peux | nous | pouvons |
| tu | peux | vous | pouvez |
| il / elle / on | peut | ils / elles | peuvent |

| Vouloir | | | |
|---|---|---|---|
| je | veux | nous | voulons |
| tu | veux | vous | voulez |
| il / elle / on | veut | ils / elles | veulent |

**ce** ou **se** ?
Attention. Il ne faut pas les confondre.

- Si je veux écrire **se**, je pense que c'est un pronom et qu'il est toujours placé devant un verbe.
  Ex. : La biche **se** met à courir. Elle veut **se** sauver de son prédateur.
- Si je veux écrire **ce**, je pense que c'est un déterminant et qu'il doit être accompagné d'un nom.
  Ex. : Mange **ce** gâteau. Je te prête **ce** beau livre.
- S'il n'est pas accompagné d'un nom, **ce** est un pronom.
  Ex. : **Ce** n'est pas juste. Je sais **ce** que tu veux dire.

Les noms et les adjectifs terminés par **el**, **et**, **ien** et **on** forment leur féminin en doublant leur dernière consonne et en ajoutant un e.
Ex. : mortel, muet, gardien, champion : morte**lle**, mue**tte**, gardie**nne**, champio**nne**.
Quelques mots terminés par **et** forment leur féminin différemment.
Ex. : complet, secret, discret : compl**ète**, secr**ète**, discr**ète**.

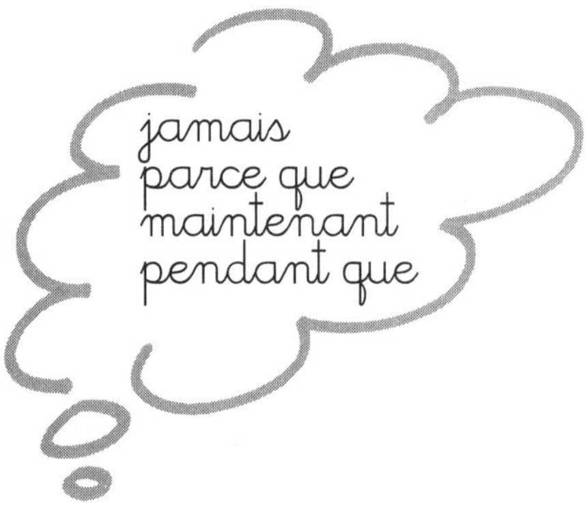


## Lecture

**Maintenant**, la tortue se cache **parce qu**'elle a peur. • Le dentiste chantonne **pendant qu**'il travaille. • Mon frère n'aime **jamais** voir le corps d'un reptile.

## 1 Écris le ou les pronoms qui conviennent devant chaque verbe.

| | | |
|---|---|---|
| ______ veut | ______ pouvons | ______ vois |
| ______ veulent | ______ peux | ______ voyons |
| ______ veux | ______ pouvez | ______ voit |
| ______ voulons | ______ peut | ______ voient |

## 2 Complète en écrivant *ce* ou *se*.

Ma grand-mère ______ berce. ______ crayon est à moi. Gustave ______ repose en ______ moment. J'ai trouvé ______ ballon. Jules ______ lève tôt. ______ jeune chat aime ______ cacher sur ______ balcon. On ______ promène dans le bois. L'acteur ______ dirige vers la sortie.

## 3 Écris le féminin des mots suivants.

Le chien est un bon gardien : ______

Un espion canadien : ______

Mon cousin coquet : ______

Un criminel secret : ______

Mon cadet : ______

Leçon 9

**Voici comment se conjugue le verbe *avoir* à l'indicatif imparfait.**

| | |
|---|---|
| j' | av**ais** un livre |
| tu | av**ais** mal à la jambe |
| il / elle / on | av**ait** très chaud |

| | |
|---|---|
| nous | av**ions** peur |
| vous | av**iez** huit ans |
| ils / elles | av**aient** le même âge |

Attention. Il ne faut pas inverser ces lettres. Elles ont des sons différents.

Observe bien.

| | | | |
|---|---|---|---|
| viande | ian | ain | pain |
| bien | ien | ein | peinture |
| lion | ion | oin | foin |

D'autres noms et adjectifs forment leur féminin différemment.

| | er : ère | f : ve | eux : euse | eur : euse | teur : trice |
|---|---|---|---|---|---|
| Ex. : | fermi**er** | neu**f** | heur**eux** | voyag**eur** | direc**teur** |
| | fermi**ère** | neu**ve** | heur**euse** | voyag**euse** | direc**trice** |

Attention. N'oublie pas que certains mots changent complètement de forme lorsqu'ils sont au féminin.

Ex. : neveu : nièce, frère : soeur, mouton : brebis, etc.

## Lecture

Ton chien aime les caresses.

• **Tout à coup**, il avait dix ans de **moins**. • Tôt ou **tard**, tu connaîtras tes cinq sens.

• **Ainsi**, tu pourras les énumérer : la vue, l'ouïe, le toucher, le goût et l'odorat.

## 1 Récris les phrases suivantes à l'imparfait.

J'ai peur de ce chien. ______________________________

Vous avez perdu un gant. ______________________________

Paul et Marie ont très froid. ______________________________

Tu as douze bandes dessinées. ______________________________

Nous avons un perroquet. ______________________________

Frédéric a mal au ventre. ______________________________

## 2 Classe ces mots dans le bon ballon.

champion, ceinture, triangle, refrain, point, espion,
combien, rein, lointain, mien, pliant, bain.

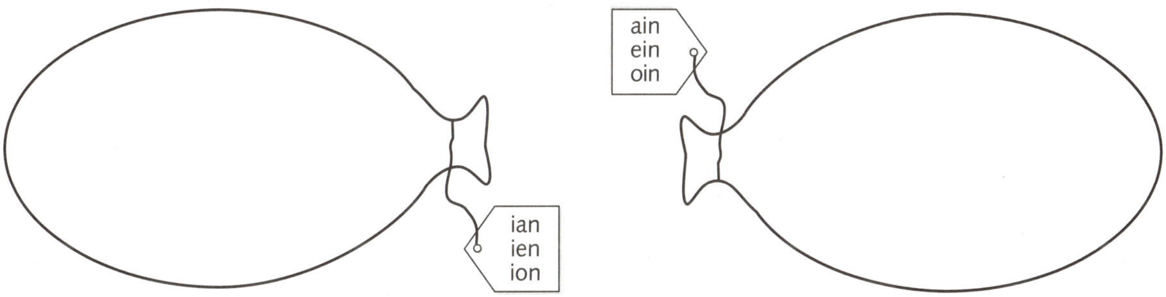


## 3 Aide Gustave à trouver la bonne terminaison du féminin des mots suivants.

**ère  ve  euse  trice**

une polici ____________ une anima ____________

une sporti ____________ la derni ____________

une moni ____________ une lec ____________

l'ac ____________ l'ouvri ____________

vi ____________ merveill ____________

acti ____________ nag ____________

moqu ____________ heur ____________

talentu ____________ oisi ____________

# Leçon 10

**Voici comment se conjugue le verbe *être* à l'indicatif imparfait.**

| | | | |
|---|---|---|---|
| j' | ét**ais** à l'école | nous | ét**ions** heureux |
| tu | ét**ais** malade | vous | ét**iez** derrière nous |
| il / elle / on | ét**ait** chanceux | ils / elles | ét**aient** bien ensemble |

Les sons **ill** et **ail**

- Si j'entends le son **ill** à la fin d'un mot, je dois lui ajouter un **e**.
  Ex.: une f**ille** gent**ille**.
  Quelquefois, le son **ill** est à l'intérieur d'un mot.
  Ex.: un pap**ill**on br**ill**ant.
- Le son **ail** s'écrit **aille** au féminin.
  Ex.: un épouvant**ail**, un trav**ail**, une bat**aille**, une trouv**aille**.

**Le groupe du nom**

Le groupe du nom est le plus souvent constitué d'un nom, d'un adjectif et d'un déterminant. Le nom est le noyau du groupe. Tous les autres mots dépendent de lui et reçoivent son genre et son nombre.

Masculin, singulier : le jeune **poulain**.

Masculin, pluriel : des **desserts** succulents.

Féminin, singulier : une **chatte** grise.

Féminin, pluriel : les petites **coccinelles**.

## Lecture

J'aurai **peut-être** une gerbille **chez** moi. • J'ai entendu ce drôle de bruit **avant** toi. • **Après**, je vais m'occuper des oisillons malades.

## 1 Complète avec des flèches pour former des phrases.

| | |
|---|---|
| Nous | étaient juste avant nous. |
| Lucie et Denis | étiez heureux d'être en voyage. |
| J' | étions au même endroit. |
| Sébastien | était blanc comme du lait. |
| Vous | étais la première arrivée. |

## 2 Complète ces mots avec les sons *ill, ille, ail* ou *aille*.

| | |
|---|---|
| une fam________ | la van________ |
| un s________on | une chen________ |
| une trouv________ | la méd________ |
| du cor________ | une m________ |
| le chand________ | ils br________aient |
| une coqu________ | un évent________ |

## 3 Accorde l'adjectif avec le nom.

| **bleu** | **amusant** | **sucré** |
|---|---|---|
| un chandail ________ | une glissoire ________ | des glaces ________ |
| une blouse ________ | des jeux ________ | un bonbon ________ |
| des ballons ________ | des collections ________ | des raisins ________ |
| des jupes ________ | un jouet ________ | une pêche ________ |

Leçon 11

**Mémorise la terminaison des verbes modèles à l'indicatif imparfait.**

| aim**er** | | fin**ir** | |
|---|---|---|---|
| j' | aim**ais** | je | finiss**ais** |
| tu | aim**ais** | tu | finiss**ais** |
| il / elle / on | aim**ait** | il / elle / on | finiss**ait** |
| nous | aim**ions** | nous | finiss**ions** |
| vous | aim**iez** | vous | finiss**iez** |
| ils / elles | aim**aient** | ils / elles | finiss**aient** |

Les sons **eil**, **euil**, **ouil** terminent toujours des mots masculins.
Ex.: le sol**eil**, un faut**euil**, du fen**ouil**.
Lorsqu'ils doublent le l, **eill**, **euill**, **ouill** terminent des mots féminins.
Ex.: la merv**eill**e, une f**euill**e, une gren**ouill**e.
Ils peuvent aussi être à l'intérieur d'un mot.
Ex.: nous v**eill**ons, le f**euill**age, ils gaz**ouill**ent.

Un verbe peut être singulier ou pluriel.
Singulier: (il) (il) (elle)
Le chat miaul**e**. Le bébé trottin**e**. Marielle jou**e**.
Pluriel: (ils) (ils) (elles)
Les chats miaule**nt**. Les bébés trottine**nt**. Marielle et Lucie joue**nt**.

## Lecture

**Aujourd'hui**, j'ai vu un passant courir au soleil. • Je sais **pourquoi** on arrose **un peu** les feuilles. • **Peu à peu**, le sommeil gagne la grenouille.

## 1 Complète les phrases avec les verbes suivants à l'imparfait.

**recevoir – habiter – manger – ouvrir**
**amuser – partir – attendre – être**

Mon père __________________ à la campagne quand il __________________ petit. Tu __________________ la porte. Nous __________________ un cadeau. Vous __________________ trop tard. Je __________________ du yogourt. Les enfants __________________ l'autobus. Nous nous __________________ comme des petits fous.

## 2 Complète les mots avec *eil, eill, euil, euill, ouil* ou *ouill.*

Gustave a perdu sa f______________e de mathématique. Les oiseaux gaz______________ent dans le f______________age. Quel merv______________eux sol______________! Le fen______________ a des f______________es comestibles. Un écur______________ tentait de rév______________er une gren______________e.

## 3 Complète les verbes en écrivant *e* ou *ent.*

Ce train arrêt______ à chaque gare. Mes parents cherch______ le chat. On mang______ des fruits de mer. Ma copine travaill______ au cinéma. Amélie et Karine saut______ à la corde. Mon frère march______ lentement. Gustave et ses amis jou______ dans le parc. Les jumeaux mesur______ un mètre trente. Je partag______ ma collation. Grand-père se repos______ sur le balcon. Les comédiens donn______ un beau spectacle.

# Leçon 12

## Mémorise ces verbes à l'indicatif imparfait.

| Aller | | Faire | | Dire | |
|---|---|---|---|---|---|
| j' | all**ais** | je | fais**ais** | je | dis**ais** |
| tu | all**ais** | tu | fais**ais** | tu | dis**ais** |
| il / elle / on | all**ait** | il / elle / on | fais**ait** | il / elle / on | dis**ait** |
| nous | all**ions** | nous | fais**ions** | nous | dis**ions** |
| vous | all**iez** | vous | fais**iez** | vous | dis**iez** |
| ils / elles | all**aient** | ils / elles | fais**aient** | ils / elles | dis**aient** |

**mes** ou **mais** ?

- **mes** est un déterminant. Il doit toujours accompagner un nom:
  **mes** parents, **mes** crayons, **mes** amis.

Il indique que quelque chose ou quelqu'un t'appartient.

- **mais** est un mot qui marque une relation dans une phrase.

Ex.: J'irais bien au cinéma **mais** il est trop tard.

J'ai demandé un cadeau **mais** je ne sais pas si je l'obtiendrai.

Attention. Le sujet n'est pas toujours placé immédiatement avant le verbe.

Ex. : Je vous donner**ai** un cadeau. (Je = 1re personne du singulier)

**Vous** est un mot écran entre le sujet et le verbe.

## Lecture

Je mange **presque** toujours des fraises. • La marmotte court **mais** le lièvre la suit de près. • Il raconte **parfois** ses secrets de vacances. • Il a voyagé **partout**, du rocher Percé à Montréal.

## 1 Récris les phrases suivantes à l'imparfait.

Je vais à l'école du quartier. ______________________________

Vous faites vos devoirs. ______________________________

Je te dis que tu as raison. ______________________________

Tu fais peur à mon frère. ______________________________

Elle va à la bibliothèque. ______________________________

Elles font partie de cette équipe. ______________________________

Nous leur disons au revoir. ______________________________

## 2 Complète les phrases en écrivant *mes* ou *mais*.

__________ lapins sont petits __________ ils grossiront vite. Je crois que __________ souliers sont parmi __________ jouets. J'ai perdu __________ biscuits __________ ma mère m'en donnera d'autres. __________ cousins viendront chez moi __________ je dois patienter encore deux semaines.

## 3 Aide Gustave à choisir le bon verbe en l'encerclant.

Je vous (écrirez, écrirai) une lettre.

J'achète des bonbons et je les (partage, partagent).

Je vous (téléphonerai, téléphonerez) bientôt.

Justin les (croyaient, croyait) déjà partis.

Je les (trouve, trouvent) tellement beaux, tes dessins.

## Leçon 13

**Mémorise ces verbes à l'indicatif imparfait.**

| | Prendre | Savoir | Venir |
|---|---|---|---|
| je | pren**ais** | sav**ais** | ven**ais** |
| tu | pren**ais** | sav**ais** | ven**ais** |
| il / elle / on | pren**ait** | sav**ait** | ven**ait** |
| nous | pren**ions** | sav**ions** | ven**ions** |
| vous | pren**iez** | sav**iez** | ven**iez** |
| ils / elles | pren**aient** | sav**aient** | ven**aient** |

**on** ou **ont** ?

- **on** est un pronom. Il est toujours sujet du verbe.
  Ex.: **On** choisit les plus belles fleurs. **On** connaît bien cette route.
- **ont** est le verbe *avoir* au pluriel. Il peut aussi être l'auxiliaire d'un verbe conjugué au passé composé.
  Ex.: Elles **ont** un chat. Jonathan et Miguel **ont** terminé leur devoir.

Quelquefois le sujet est **qui**. Il faut savoir ce qu'il remplace pour bien accorder le verbe.

Ex.: Connais-tu les chats **qui** (rôde, **rôdent**) dans cette ruelle ? (3e pers. plur.)

### Lecture

**Autrefois**, les voitures n'existaient pas. • J'ai su **tout de suite** qu'il n'y avait **rien**. • Et **pourtant**, j'ai aimé ce voyage dans le désert. • Quel malheur que tu aies perdu ton portefeuille !

## 1 Complète les phrases avec les verbes *prendre, savoir* ou *venir* à l'imparfait.

Elle croyait qu'ils ____________________ de Québec.
Je ____________________ par où commencer.
Nous ____________________ la même route que lui.
Éric et Julie ____________________ leurs leçons par coeur.
Tu ____________________ la peine de bien étudier.
Elle____________________ à la bibliothèque chaque jour.
Vous ____________________ l'autobus.

## 2 Complète les phrases en écrivant *on* ou *ont*.

__________ a lavé nos pupitres ce matin. Des élèves __________ déjà fini. Mais non, Gustave, __________ met une majuscule aux noms propres! __________ a perdu notre perruche mais nos voisins l'__________ retrouvée. Les joueurs de l'équipe __________ compté trois buts. Aujourd'hui, __________ fête notre victoire.

## 3 Encercle le bon verbe après le sujet *qui*.

Les élèves qui (aime, aiment) le ski iront à Sainte-Adèle et ceux qui (préfèrent, préfère) glisser iront à Saint-Sauveur. Est-ce ton ami qui (s'amuse, s'amusent) dans le parc en ce moment? J'observe les écureuils qui (saute, sautent) d'arbre en arbre. J'aime les fleurs qui (poussent, pousse) à l'état sauvage. Regarde ce clown qui (escaladent, escalade) le manège.

## Leçon 14

**Mémorise ces verbes à l'indicatif imparfait.**

| | Voir | Pouvoir | Vouloir |
|---|---|---|---|
| je | voy**ais** | pouv**ais** | voul**ais** |
| tu | voy**ais** | pouv**ais** | voul**ais** |
| il / elle / on | voy**ait** | pouv**ait** | voul**ait** |
| nous | voy**ions** | pouv**ions** | voul**ions** |
| vous | voy**iez** | pouv**iez** | voul**iez** |
| ils / elles | voy**aient** | pouv**aient** | voul**aient** |

**son** ou **sont** ?

- **son** est un déterminant. Il doit donc toujours accompagner un nom: **son** père, **son** chandail, **son** ami.
  Il indique à qui appartient quelque chose ou quelqu'un.
- **sont** est le verbe *être* au pluriel. Il peut aussi être l'auxiliaire d'un verbe conjugué au passé composé.
  Ex.: Les oiseaux **sont** frileux. Ils **sont** partis vers le sud.

As-tu déjà observé les lettres finales des verbes accompagnés du pronom **je** ? Ex. : j'**ai**, je prendr**ai**, j'aim**e**, je fini**s**, je par**s**, je comprend**s**, je veu**x**. Mémorise-les, ce sont toujours les mêmes:

Avec **je** → **ai**, **e**, **s**, **x**

### Lecture

Le professeur travaille dans sa classe **depuis** hier. • L'oiseau ne vole plus en **dehors** de sa cage **car** il est blessé. • Il prit **alors** le chocolat caché au fond du paquet.

## 1 Je ne sais pas si Gustave a voulu te jouer un tour mais il a mal orthographié tous ses verbes à l'imparfait. Corrige-le.

je ___voyait___, je ______
il ___pourvaient___, il ______
vous ___voulions___, vous ______
nous ___voyons___, nous ______
elles ___disais___, elles ______
tu ___faisait___, tu ______
nous ___prennions___, nous ______
ils ___voient___, ils ______
il ___pouvet___, il ______
il ___voulais___, il ______

## 2 Complète les phrases en écrivant *son* ou *sont*.

Il cherche ______ cartable. ______ père et ______ frère ______ au village. Elles ______ parties avec ______ ballon. Je ne connais ni ______ adresse ni ______ numéro de téléphone. Le chocolat est ______ dessert favori. Nos amis ______ allés en Europe.

## 3 Trouve et copie les neuf verbes qui peuvent s'écrire après *je*.

finit, veux, aiment, trouve, prend, cacherai, sais, allaient, pensait, choisis, donnes, cherche, voyais, est, suis, allons, prends, peut.

je ______ je ______ je ______
je ______ je ______ je ______
je ______ je ______ je ______

## Leçon 15

Observe la différence de conjugaison du verbe *avoir* au futur simple de l'indicatif et au conditionnel présent.

| Futur simple | | | |
|---|---|---|---|
| j' | au**rai** | nous | au**rons** |
| tu | au**ras** | vous | au**rez** |
| il / elle / on | au**ra** | ils / elles | au**ront** |

| Conditionnel présent | | | |
|---|---|---|---|
| j' | au**rais** | nous | au**rions** |
| tu | au**rais** | vous | au**riez** |
| il / elle / on | au**rait** | ils / elles | au**raient** |

**ma, ta, la** ou **m'a, t'a, l'a**?

Attention. Il ne faut pas les confondre.

- Si je veux écrire **ma, ta, la**, je dois me rappeler que ce sont des déterminants et qu'ils doivent toujours accompagner un nom.

  Ex.: **ma** petite soeur, **ta** bicyclette, **la** jolie voisine.
- Si je veux écrire **m'a, t'a, l'a**, je dois me rappeler que **a** est le verbe *avoir* accompagné d'un autre verbe. Je peux alors remplacer **m'a, t'a, l'a** par **m'avait, t'avait, l'avait**.

  Ex.: Il **m'a** donné sa clé. Elle **t'a** dit un secret. Jean **l'a** aperçu.
  (m'avait) (t'avait) (l'avait)

Mémorise bien la lettre finale des verbes accompagnés du pronom **tu**.
Ex.: tu a**s**, tu e**s**, tu aime**s**, tu fini**s**, tu par**s**, tu comprend**s**, tu veu**x**.
Avec **tu** → **s** / **x**

### Lecture

Est-ce que j'ai le droit de marcher **jusqu'à** la maison? • Reviens **lorsque** tu verras qu'il est six heures. • Je ne sais pas ce que j'aurais fait **sans** ma famille. • J'ai eu peur **quand** le nouveau voisin s'est blessé.

## 1 Écris les formes du verbe *avoir* dans la bonne colonne.

elles auraient, nous aurions, j'aurai, il aura, tu aurais, vous aurez, j'aurais, nous aurons, tu auras, vous auriez, ils auront, on aurait.

| Conditionnel présent | Indicatif futur simple |
| --- | --- |
| ______________________ | ______________________ |
| ______________________ | ______________________ |
| ______________________ | ______________________ |
| ______________________ | ______________________ |
| ______________________ | ______________________ |
| ______________________ | ______________________ |

## 2 Choisis l'homophone qui convient.

(ma, m'a) _____ mère _____ appris une comptine. Elle _____ fait réciter les mots plusieurs fois.

(ta, t'a) _____ cousine _____ téléphoné. Elle _____ demandé de lui montrer _____ grenouille verte.

(la, l'a) François a été turbulent. _____ directrice _____ fait venir à son bureau. Elle _____ bien averti. _____ leçon lui sera profitable.

## 3 Écris les verbes suivants au présent de l'indicatif et encercle la dernière lettre avec un crayon de couleur.

| être | toucher | unir | partir | vouloir |
| --- | --- | --- | --- | --- |
| avoir | bouger | grandir | sortir | pouvoir |
| tu __________ | tu __________ | tu __________ | tu __________ | tu __________ |
| tu __________ | tu __________ | tu __________ | tu __________ | tu __________ |

# Leçon 16

**Observe la différence de conjugaison du verbe *être* au futur simple de l'indicatif et au conditionnel présent.**

| Futur simple | | | | Conditionnel présent | | | |
|---|---|---|---|---|---|---|---|
| je | se**rai** | nous | se**rons** | je | se**rais** | nous | se**rions** |
| tu | se**ras** | vous | se**rez** | tu | se**rais** | vous | se**riez** |
| il / elle / on | se**ra** | ils / elles | se**ront** | il / elle / on | se**rait** | ils / elles | se**raient** |

**mon** ou **m'ont** ?

- Si je veux écrire **mon**, je dois me rappeler que c'est un déterminant et qu'il doit toujours accompagner un nom.

  Ex. : **mon** grand-père, **mon** crayon.
- Si je veux écrire **m'ont**, je dois me rappeler que **ont** est le verbe *avoir* accompagné d'un autre verbe. Je peux alors remplacer **m'ont** par **m'avaient**.

  Ex. : Ils **m'ont** (m'avaient) joué un tour. Josée et Suzie **m'ont** (m'avaient) appris un jeu.

Mémorise bien la lettre finale des verbes accompagnés des pronoms **il**, **elle**, **on** ou d'un sujet à la 3e personne du singulier.
Ex. : il **a**, elle es**t**, on aim**e**, Isabel fini**t**, elle par**t**, on compren**d**, il veu**t**.

Avec **il**, **elle**, **on** → **a**, **t**, **e**, **d**

## Lecture

Le girafeau marche **lentement comme** sa mère.
- Sais-tu **comment** le boulanger fait un gâteau ?
- J'ai **assez** de pâte à pain pour remplir mes moules.

**1** Complète ces phrases avec le verbe *être* au futur simple de l'indicatif et au conditionnel présent.

| Indicatif futur simple | Conditionnel présent |
|---|---|
| Nous ______________ avant toi. | Nous ______________ avant toi. |
| Il ______________ fidèle. | Il ______________ fidèle. |
| Elles ______________ heureuses. | Elles ______________ heureuses. |
| Je ______________ le premier. | Je ______________ le premier. |
| Tu ______________ en retard. | Tu ______________ en retard. |
| Vous ______________ en vacances. | Vous ______________ en vacances. |

**2** Complète les phrases en écrivant *mon* ou *m'ont*.

Aimes-tu __________ nouveau chandail?

Mes parents __________ offert une paire de skis.

J'aime m'amuser avec __________ chien et __________ hamster.

Mes professeurs __________ dit que __________ travail était excellent.

__________ ami Pierrot m'a écrit un mot.

**3** Écris les verbes conjugués dans le bon ballon selon leur lettre finale à la 3e personne du singulier.

**À l'indicatif présent:** comprendre, choisir, donner, surprendre, partager, dire, défendre, avoir, passer, savoir.

**Au futur simple:** être, avoir.

**d**
il ______________
elle ______________
on ______________

**a**
elle ______________
il ______________
on ______________

**t**
elle ______________
on ______________
il ______________

**e**
on ______________
elle ______________
il ______________

| O / i 1.1 / 20.3 | s 1.2 | t 1.3 | e 2.1 | e 2.2 | n 2.3 | s 3.1 | c 3.2 | v 3. |
|---|---|---|---|---|---|---|---|---|

| |
|---|
| e 20.2 |
| i 20.1 |
| a 19.3 |
| e 19.2 |
| é 19.1 |
| a 18.3 |
| m 18.2 |
| s 18.1 |
| o 17.3 |
| n 17.2 |

**MESSA**

J' ☐ 15.1 ☐ 11.2 ☐ 18.2 ☐ 2.1 ☐ 9.2 ☐ 16.3 ☐ 4.3 ☐ 14.1 ☐ 10.3 ☐ 1.1 ☐ 13.2 ☐ 9.1 ☐ 20.2 ☐ 7

☐ 15.3 ☐ 9.3 ☐ 17.2 ☐ 5.1 ☐ 12.3 ☐ 1.2 ☐ 3.3 ☐ 19.3 ☐ 4.2 ☐ 18.3 ☐ 14.2 ☐ 5.3 ☐ 17.1 ☐ 11

☐ 11.1 ☐ 2.3 ☐ 8.2 ☐ 19.1 ☐ 6.1 .

*Gustave*

| e 17.1 / r 16.3 | e 16.2 | t 16.1 | b 15.3 | e 15.2 | a 15.1 | e 14.3 | n 14.2 | v 14 |
|---|---|---|---|---|---|---|---|---|

| v | c | a | n | r | c | e | a | v / n |
|---|---|---|---|---|---|---|---|---|
| 4.1 | 4.2 | 4.3 | 5.1 | 5.2 | 5.3 | 6.1 | 6.2 | 6.3 / 7.1 |

| r | e | p | n | o | l | t | o | s | i | a / a |
|---|---|---|---|---|---|---|---|---|---|---|
| 7.2 | 7.3 | 8.1 | 8.2 | 8.3 | 9.1 | 9.2 | 9.3 | 10.1 | 10.2 | 10.3 / 11.1 |

SECRET

| 2.2 | 6.3 | 19.2 | 3.2 | | 16.1 | 8.3 | 20.1. | | 8.1 | 6.2 | 18.1 | 10.1 | 7.3 | | 13.3 | 2.2 |
|---|---|---|---|---|---|---|---|---|---|---|---|---|---|---|---|---|

| 20.3 | 12.1 | | 3.1 | 15.2 | | 5.2 | 16.2 | 4.1 | 17.3 | 10.2 | 1.3 | | 14.3 | 7.1 | | 13.1 |
|---|---|---|---|---|---|---|---|---|---|---|---|---|---|---|---|---|

| d | l | 4e | e | a | n | s | i |
|---|---|---|---|---|---|---|---|
| 13.3 | 13.2 | 13.1 | 12.3 | 12.2 | 12.1 | 11.3 | 11.2 |

# Leçon 17

**Mémorise la terminaison des verbes modèles au futur simple de l'indicatif et au conditionnel présent.**

| Futur simple | | | |
|---|---|---|---|
| j' | aime**rai** | je | fini**rai** |
| tu | aime**ras** | tu | fini**ras** |
| il / elle / on | aime**ra** | il / elle / on | fini**ra** |
| nous | aime**rons** | nous | fini**rons** |
| vous | aime**rez** | vous | fini**rez** |
| ils / elles | aime**ront** | ils / elles | fini**ront** |

| Conditionnel présent | | | |
|---|---|---|---|
| j' | aime**rais** | je | fini**rais** |
| tu | aime**rais** | tu | fini**rais** |
| il / elle / on | aime**rait** | il / elle / on | fini**rait** |
| nous | aime**rions** | nous | fini**rions** |
| vous | aime**riez** | vous | fini**riez** |
| ils / elles | aime**raient** | ils / elles | fini**raient** |

- Une famille de mots regroupe des mots qui ont un sens commun. La famille peut m'aider à connaître l'orthographe d'un mot.
  Ex. : **lourd** → **lourd**e → **lourd**eur → **lourd**ement → a**lourd**ir.
- Je peux aussi connaître la lettre finale d'un mot en le prononçant au féminin si c'est possible. Ex. : gran**d** = gran**d**e, len**t** = len**t**e.

Sauf le verbe **être** qui se conjugue nous **sommes** au présent de l'indicatif, les autres verbes finissent toujours par **ons** lorsqu'ils sont conjugués avec le pronom **nous**.
Ex. : Nous av**ons**, nous somme**s**, nous aim**ons**, nous finissi**ons**, nous partir**ons**, nous comprendri**ons**, nous voul**ons**.

Avec **nous** → **ons**

## Lecture

Ouvre la fenêtre **aussitôt** que la pluie cessera. • **Hier aussi** j'observais les couleurs d'automne. • J'irai loin **là-bas** sur la planète du poète. • Reste **ici** près du pommier, c'est plus amusant.

**1** **Gustave a l'esprit de contradiction. Il veut que tu écrives les verbes suivants au futur simple s'ils sont au conditionnel présent, et vice versa.**

Penseras-tu souvent à moi ?

______________________________

Nous finirions à temps.

______________________________

Elles chercheraient longtemps. ______________________________

Je partirai vers dix heures. ______________________________

La fleur poussera dans le bois. ______________________________

Vous penseriez le contraire. ______________________________

**2** **Pour chaque mot en gras, écris la lettre finale et les mots de la même famille.**

ouverture, froide, draper, ouverte, grande, parfaite, draperie, froidure, grandeur, parfaitement, agrandir, refroidir, parfaire, drapeau, ouvertement.

| **gran**______ | **ouver**______ | **froi**______ | **parfai**______ | **dra**______ |
|---|---|---|---|---|
| ______ | ______ | ______ | ______ | ______ |
| ______ | ______ | ______ | ______ | ______ |
| ______ | ______ | ______ | ______ | ______ |

**3** **Remplis le tableau suivant en donnant l'infinitif, le mode et le temps des verbes suivants.**

| | Verbe à l'infinitif | Mode et temps |
|---|---|---|
| nous donnons | donner | indicatif présent |
| nous comprendrons | | |
| nous avions | | |
| nous sortirions | | |
| nous sommes | | |

# Leçon 18

**Observe et étudie bien la conjugaison des verbes suivants au futur simple de l'indicatif et au conditionnel présent.**

| Aller | | | |
|---|---|---|---|
| f. s. | | c. p. | |
| je | **irai** | je | **irais** |
| tu | **iras** | tu | **irais** |
| il, elle, on | **ira** | il, elle, on | **irait** |
| nous | **irons** | nous | **irions** |
| vous | **irez** | vous | **iriez** |
| ils, elles | **iront** | ils, elles | **iraient** |

| Faire | | | |
|---|---|---|---|
| f. s. | | c. p. | |
| je | fe**rai** | je | fe**rais** |
| tu | fe**ras** | tu | fe**rais** |
| il, elle, on | fe**ra** | il, elle, on | fe**rait** |
| nous | fe**rons** | nous | fe**rions** |
| vous | fe**rez** | vous | fe**riez** |
| ils, elles | fe**ront** | ils, elles | fe**raient** |

| Dire | | | |
|---|---|---|---|
| f. s. | | c. p. | |
| je | di**rai** | je | di**rais** |
| tu | di**ras** | tu | di**rais** |
| il, elle, on | di**ra** | il, elle, on | di**rait** |
| nous | di**rons** | nous | di**rions** |
| vous | di**rez** | vous | di**riez** |
| ils, elles | di**ront** | ils, elles | di**raient** |

Les noms composés sont formés de deux ou trois mots. Ils sont reliés par un trait d'union: casse-tête, arc-en-ciel.
Si j'arrive au bout d'une ligne, je dois faire la coupure au trait d'union seulement: casse-/ tête arc-/ en-ciel arc-en-/ ciel.

Sauf les verbes **être**, **dire** et **faire** qui se conjuguent vous **êtes**, vous **dites**, vous **faites** au présent de l'indicatif, les autres verbes finissent toujours par **ez** avec le pronom **vous**. Vous ête**s**, vous dite**s**, vous faite**s**, vous av**ez**, vous aimi**ez**, vous finir**ez**, vous partiri**ez**, vous compren**ez**, vous vouli**ez**.

Avec **vous** ——→ **ez**

## Lecture

Le printemps est l'une de nos **quatre** saisons. • On compte **sept** jours dans une semaine. • L'année prochaine, je partirai **huit** ou **neuf** jours. • Mes **trois** frères ont **deux**, **cinq** et **six** ans. • Il y a **un** mâle et **dix** femelles dans cet enclos.

**1** Indique à Gustave à quelle personne, quel mode et quel temps sont les verbes suivants (futur simple de l'indicatif ou conditionnel présent).

| | Mode et temps | Personne |
|---|---|---|
| ira | ______ | ______ |
| diriez | ______ | ______ |
| iront | ______ | ______ |
| ferais | ______ | ______ |
| dirai | ______ | ______ |
| feras | ______ | ______ |
| irions | ______ | ______ |
| feront | ______ | ______ |

**2** Assemble les mots pour former des noms composés que tu écriras ensuite.

| | | |
|---|---|---|
| réveille | ______ | épic |
| avant | ______ | croûte |
| essuie | ______ | matin |
| après | ______ | hier |
| casse | ______ | midi |
| porc | ______ | glace |

**3** Remplis le tableau suivant.

| Verbe | Mode et temps | |
|---|---|---|
| changer | indicatif présent | vous |
| aller | conditionnel présent | vous |
| avoir | indicatif imparfait | vous |
| pouvoir | indicatif futur simple | vous |
| faire | indicatif présent | vous |

# Leçon 19

Observe et étudie bien la conjugaison des verbes suivants au futur simple de l'indicatif et au conditionnel présent.

| | Prendre | | Savoir | | Venir | |
|---|---|---|---|---|---|---|
| | f. s. | c. p. | f. s. | c. p. | f. s. | c. p. |
| je | prend**rai** | prend**rais** | sau**rai** | sau**rais** | viend**rai** | viend**rais** |
| tu | prend**ras** | prend**rais** | sau**ras** | sau**rais** | viend**ras** | viend**rais** |
| il / elle / on | prend**ra** | prend**rait** | sau**ra** | sau**rait** | viend**ra** | viend**rait** |
| nous | prend**rons** | prend**rions** | sau**rons** | sau**rions** | viend**rons** | viend**rions** |
| vous | prend**rez** | prend**riez** | sau**rez** | sau**riez** | viend**rez** | viend**riez** |
| ils / elles | prend**ront** | prend**raient** | sau**ront** | sau**raient** | viend**ront** | viend**raient** |

Observe où l'on met un trait d'union aux nombres composés de plus d'un chiffre : **dix-sept**, **dix-huit**, **dix-neuf**, vingt et un, **vingt-deux**, **vingt-trois**, **vingt-quatre**, **vingt-cinq**, **vingt-six**, **vingt-sept**, **vingt-huit**, **vingt-neuf**, trente et un, quarante et un, cinquante et un...
Quand il y a un **et**, il n'y a pas de trait d'union.

Mémorise bien les lettres finales des verbes avec les pronoms **ils**, **elles** ou un sujet au pluriel.
Ex. : ils o**nt**, elles so**nt**, Antoine et Pierre joue**nt**, ils finisse**nt**, elles partiro**nt**, ils comprenne**nt**, elles voulaie**nt**.

Avec **ils**, **elles** ⟶ **nt**

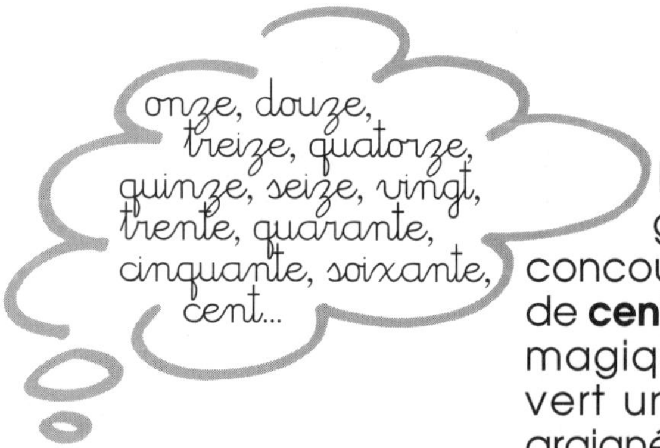


## Lecture

Les jumeaux sont les gagnants de **douze** concours. • Cette sorcière de **cent** ans fait des potions magiques. • J'ai découvert un nid de **quarante** araignées. • Elle aime jouer avec les nombres.

## 1 Choisis le verbe qui convient au temps demandé (*prendre, venir* ou *savoir*).

**Indicatif futur simple**

Nous ________________ ce train. Elles ________________ plus tard. Il ________________ bien retrouver son chemin. Vous ________________ la 2e rue à droite. Il ________________ au musée avec nous. Elles ________________ comment s'y prendre. Je le ________________ la prochaine fois.

**Conditionnel présent**

________________-tu où est ma règle? Nous ________________ si nous avions le temps. Elle ________________ bien un bonbon. Ils ________________ où est le trésor. Vous ________________ le meilleur. Je ________________ mais ma mère ne veut pas. Elles ________________ des guimauves grillées.

## 2 Écris le nombre demandé avec un nom d'animal ou de fleur. Attention aux marques du pluriel.

3. ____________ ____________ 7. ____________ ____________
11. ____________ ____________ 14. ____________ ____________
15. ____________ ____________ 19. ____________ ____________
21. ____________ ____________ 25. ____________ ____________

## 3 Classe les verbes de la 3e personne du pluriel selon le mode et le temps et encercle la terminaison avec un crayon de couleur.

ils sont, elles auront, ils verraient, ils allaient, elles aiment, ils pourront, ils sauraient, ils partent, ils prenaient, elles diraient, elles unissaient, elles garderont.

| Ind. prés. ent ont | Ind. imp. aient | Ind. fut. s. ront | Cond. prés. raient |
|---|---|---|---|
| | | | |
| | | | |
| | | | |

# Leçon 20

**Observe et étudie bien la conjugaison des verbes suivants au futur simple de l'indicatif et au conditionnel présent.**

| Voir | | | | Pouvoir | | | | Vouloir | | | |
|---|---|---|---|---|---|---|---|---|---|---|---|
| f. s. | | c. p. | | f. s. | | c. p. | | f. s. | | c. p. | |
| je | ver**rai** | je | ver**rais** | je | pour**rai** | je | pour**rais** | je | voud**rai** | je | voud**rais** |
| tu | ver**ras** | tu | ver**rais** | tu | pour**ras** | tu | pour**rais** | tu | voud**ras** | tu | voud**rais** |
| il, elle, on | ver**ra** | il, elle, on | ver**rait** | il, elle, on | pour**ra** | il, elle, on | pour**rait** | il, elle, on | voud**ra** | il, elle, on | voud**rait** |
| nous | ver**rons** | nous | ver**rions** | nous | pour**rons** | nous | pour**rions** | nous | voud**rons** | nous | voud**rions** |
| vous | ver**rez** | vous | ver**riez** | vous | pour**rez** | vous | pour**riez** | vous | voud**rez** | vous | voud**riez** |
| ils, elles | ver**ront** | ils, elles | ver**raient** | ils, elles | pour**ront** | ils, elles | pour**raient** | ils, elles | voud**ront** | ils, elles | voud**raient** |

**é** ou **er** ?

Quand j'entends le son **é** à la fin d'un verbe :

- j'écris **é** s'il est accompagné du verbe **être** ou **avoir** (j'ai pens**é**, tu étais arriv**é**) ;
- j'écris **er** dans tous les autres cas (je veux all**er**, j'essaie de donn**er**).

Ex. : J'ai essay**é** de travaill**er** de mon mieux.
Attention au son **é** du futur simple : je ser**ai** ou avec le sujet vous : vous ser**ez**.

Je sais qu'une phrase est négative si elle veut dire non et qu'elle signifie le contraire. Elle doit contenir les mots **ne pas**, **ne plus** ou **ne jamais**. Quelquefois **ne** s'écrit **n'**.

Ex. : Je veux. Je **ne** veux **pas**. Louis a raison. Louis **n'**a **pas** raison. La voiture fonctionne. La voiture **ne** fonctionne **plus**. On a vu ça. On **n'**a **jamais** vu ça.

## Lecture

Le poisson de ce bocal **n'**a **pas** le dos rond. • Je **ne** veux **plus** me promener près du ruisseau. • Le malheureux **n'**a **jamais** vu le bateau sur la rivière. • Il **n'**y a **plus** de lumière dans la maison.

## 1 Relie le verbe à la personne de conjugaison qui convient.

| | | | |
|---|---|---|---|
| il | pourront | elle | pourraient |
| je | verrions | vous | pourra |
| vous | verra | nous | voudrais |
| elles | voudrais | ils | verriez |
| nous | pourrez | tu | voudrons |

## 2 Complète les mots avec *é* ou *er*. Fais des flèches aux verbes *être* et *avoir* pour t'aider.

Gustave est embêt______. Il a essay______ de compt______ les fautes de sa dictée mais il s'est tromp______. Il avait compt______ huit fautes. Je vais recommenc______, se dit-il. Son ami l'a aid______ et ils ont trouv______ l'erreur. Bravo ! Il est all______ donn______ sa feuille à son professeur.

## 3 Transforme ces phrases de manière négative en utilisant *ne... pas, ne... plus, ne... jamais*.

Alexandre mange sa collation. ______________________________

Olivier est revenu de l'école. ______________________________

Tu choisis le chandail bleu. ______________________________

On veut y aller. ______________________________

Il a retrouvé son chien. ______________________________

Dictées 1

## Dictée trouée

__________ __________ __________ __________
préparent leur __________. __________ __________ ont acheté
__________ billet. __________ ont hâte __________ voir __________
clowns, __________ __________ et __________ acrobates s'élancer
__________ __________ __________. Attention, __________ un
instant, __________ __________ va commencer.

## Dictée

## Dictée trouée

________ ________ du ________ ________
________ lionceau. ________ ________ déjà de
________ ________ ________. ________ petit de la
________ s'appelle le girafeau. ________ ________
________ manger ________ ________ des ________.
L'________ fait des ________ d'adresse ________ les
________ ________ ________ ________.

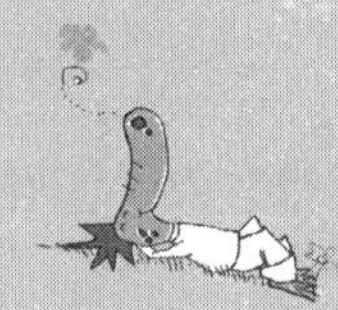

## Dictée

## Dictée trouée

________ ________ un bébé ________. Mon père ________ ma ________ m'apprennent des ________ d'________. J'aime ________ m'amuser ________ les ________ ________ des ________ ________ mon petit ________ et ma ________. ________ ________ ________ ________ ________ espiègles. ________ ________ une famille unie.

## Dictée

## Dictée trouée

C'est ____ ____ ____ ____ ____.
____ ____ ____ ce sera ____
____ ____ ____ Josée. Tous ____
____ ____ ____ ____. Tu te
____, ____ ____ ____ ____
____ ____ ____ tour ____ joué. ____
____, ____ ____, ____ ____
____ ____ s'____ ____ ____
____ ____.

## Dictée

____
____
____
____
____
____
____
____
____
____
____
____
____
____

Dictées 4

Dictées 5

## Dictée trouée

La __________ est ____________________. __________ __________ __________ ______________ __________ desserts. __________ __________ __________ __________ un __________ aux carottes, __________ __________ __________ __________ __________ __________ ________ ________ confiture. Son __________ s'__________ __________ __________ : « ______ te __________ mal. __________, ________ n'aurais ________ mangé ________ ça.» ________ __________ ?

## Dictée

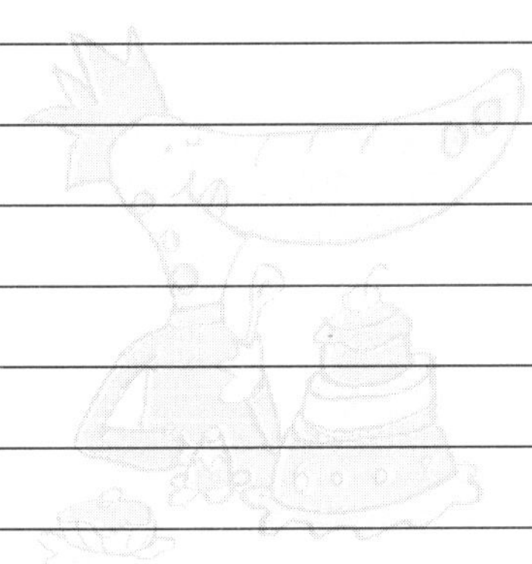

## Dictée trouée

Au ____________ ____________ ________________, je ____________
____________ ____________ ____________ ____________ ____________ les
Rocheuses ____________ ____________ ________________. J'____________
________________ rêvé de ____________ ce ________________.
____________ père __________ qu'une ______________ ne ____________
__________ autant de ____________ que __________. C'est __________, je
__________ excité. Ça __________ tellement ________________ qu'on se
________________. De plus, on __________ m'______________ une
________________ ____________ de ____________. Qu'est-ce __________
____________ en ____________?

## Dictée

## Dictée trouée

________ jeune ______________ __________ ____________ plaisir
__________ jouer des __________. ______________, se dit-il, je
__________________ __________ __________ l'____________.
Si ________ ________ la sieste, _______ _________ lui chatouiller
_______ __________ du ________. Le lendemain, il __________
___________ la ________________. ________________, il glisse
________ __________ ___________ _________ __________. Ses
___________ otaries ____________ ___________ de __________.
« ________ ________________ ton ___________, ______________
___________? »

## Dictée

## Dictée trouée

La petite __________ ne __________ __________ __________ __________ les __________. Elle __________ juste semblant __________ __________ sa __________ __________ __________ peigne. « Je __________ que tu te __________ les dents », __________ sa __________. « __________ ne __________ pas __________ __________ ma soeur __________ toute la __________. » Mais sa mère __________ que __________ n'est pas __________. « __________ __________, nous __________ __________ le __________. » Il lui arrache trois dents. « Tu __________ __________, petite __________, tu __________ bien __________. »

## Dictée

Dictées 9

## Dictée trouée

L'enseignante questionne Charlot : « Une ________ ________ vingt ________ ________ elle ________ prenait ________ ________ ________. Elle en ________ ________ neuf. Il lui en ________ ________ ? » Si ________ ________ un ________, je ________ la ________. Voyons, vingt ________ neuf... ________, Charlot s'embrouille et n'________ ________ ________ compter. Il ________ ________ ses ________. Tôt ou ________, je ________ donner la ________. Onze ! Ouf, ________ je ________ sauvé !

## Dictée

## Dictée trouée

Pierre ____________ fou de ___________ deux ____________________
______________. ___________ ___________ très ____________. Elles
___________ une ___________________ sable et une _______________
_____________. _____________, sa mère n'___________ ___________
______________ en ______________ _____________ elle. « Maman, je
_____________ de __________ m'en ____________ », __________-il dit.
« _____________, _________ répondu sa mère. » ________ _________,
___________ la __________, son ________ Karine lui a dit qu'elle
___________ deux ______________ ________________ à __________.
La mère de Pierre __________ __________ ___________. Youpi ! Pierre
n'___________ ____________ été aussi heureux !

## Dictée

11 Dictées

# Dictée trouée

______________________, le ____________ ______________ de ____________ en ___________ ___________. Les _____________ _______________ dangereusement. ________________ les ________ s'________________ dans les __________. Les ________________ _________________ jusqu'à ___________ ______________. Jeannot ____________ blotti sous _________ ______________________. Il _________ _________ parce qu'il faisait de plus en plus ________. ____________________, une __________________ _____________ __________ et voulait entrer par ______ ____________ de ________ ____________. «Maamannn!» «Mais non, rendors-__________ __________ ___________, tu _________________ _____________ __________ ________________. »

# Dictée

________________________________________________

________________________________________________

________________________________________________

________________________________________________

________________________________________________

________________________________________________

________________________________________________

________________________________________________

________________________________________________

________________________________________________

________________________________________________

________________________________________________

________________________________________________

12

Dictées

## Dictée trouée

Sophie ________ son exposé ________ et ________
________ un ________ ________. «Je ________
________ ________ ________ ________ de
l'________ ________. Je ________ allée ________
________ scout ________ ________ ________.
________ ________ ________ tous les ________ et on
________ de la ________ à ________. On ________
________ à ________ ________ ________ du ________ .
________, on ________ ________ des ________ et
on les ________ aux plus ________. ________ ce que
________ ________, ce ________ les ________ que
me ________ ________ ________ le ________
________ on ________ ________. J'ai aimé ________
séjour et j'ai ________ à l'été ________. »

## Dictée

________________________________________
________________________________________
________________________________________
________________________________________
________________________________________
________________________________________
________________________________________
________________________________________
________________________________________
________________________________________
________________________________________

## Dictée trouée

L'__________ ____________, mes __________ ____________ dit qu'ils ne ____________ pas où __________ ______________ en ________________. ____________ certaine, ils ne ____________ ________ ________. ________ de ________. Ils ____________ seulement se ____________, qu'ils ______________. Ils __________ finalement ____________ qu'________ irait ________ ______________ de la ________. ________ __________ ________ rempli la __________ et nous ______________ partis ____________________ __________. Pas __________ de vous __________ en détail tous les ________________ de ce __________: crevaison, ______________ __________, perte du ________________ de ________________, foulure pour ____________... Et __________, ils ______________ juste se __________!

## Dictée

## Dictée trouée

Notre ______________ nous ______________ : « Je ______________ ______________ une ______________ de ______________. Je ______________ que vous ______________ que le ______________ ______________ ______________ à partir de ______________. J'______________ compris que le ______________ ______________ dans un ______________ appelé le cacaotier. Celui-ci ______________ des ______________ ______________ de ______________. Les ______________ s'assoient ______________ et extraient les ______________ des ______________. Quand les ______________ ______________ à l'______________ et que nous ______________ faire du ______________, on les ______________ griller ______________ de les réduire en ______________. ______________, on ______________ faire chauffer la ______________, y ajouter du ______________ et couler le ______________ ______________ obtenu dans ______________ ______________. »

## Dictée

## Dictée trouée

Deux ______ de ______ ______ des ______ ______.

- ______, ______ j'______ le ______ d'______ jouer ______ ______ ______ Plouc ______ j'______ terminé de manger? Il ______ ______ qu'il ______ me ______ son ______ baladeur ______ ______.
- Tu ______ rester ______ quelle ______?
- ______ ______ ______ me dira de partir, ______ ______ revenir.
- ______ ______ mais ______-tu l'amabilité d'emmener ______ ______ ______ Rosine ______ ______?
- Euh...
- ______, je ______ que ______ ______ une ______ discussion.

## Dictée

______________________________________________

______________________________________________

______________________________________________

______________________________________________

______________________________________________

______________________________________________

______________________________________________

______________________________________________

______________________________________________

## Dictée trouée

________ je ________ ________, dit Gustave, je ________ ________ ________ mon ________ Brioche. J'expliquerai aux ________ ________ faire du bon ________. Il ________ prendre de la ________, du ________, de________ et de la ________. ________ ________ ________ ________ pour ________ une ________ ________ ________ ________. ________ ________ ________ cette ________ ________ des ________ et on la ________ reposer. Lorsqu'elle ________ gonflée grâce à la ________, elle ________ ________ à ________. Vous ________ ________ que ça ________ ________? ________ que je fasse ________ ________ ________ à la ________ et ________ ________!

## Dictée

17 Dictées

## Dictée trouée

Un ________ s'ennuyait ________. Il rêvait de ________ ________ ________ ________ ________.
« ________, ________ ________ certain que j'________ des ________ merveilleux que tous ________ ________ du ________ ________. J'________ ________ des ________ ________ et des ________ de ________ ________. ________ que la ________ Rêveuse ________, je lui ________ de me trouver la ________ ________. « La ________ ________ arrivée et ________ ________ ________ sur la ________ Mimo. Il ________ très ________, se dit la ________, ________ un ________ il ________ à s'embêter, tout ________ sur sa ________. ________, ________ le ________ ________, sur la ________ Terre.

## Dictée

18 Dictées

## Dictée trouée

________ ____________________ ________ leurs ___________

_____________. __________ ___________ nouveau-nés, _______

_________ et ________ __________. ________ nos ___________

de l'_________ ____________, nous ________ ______________

_________ ___________.

« Allez, les __________, vous ___________ ___________ de vous

dépêcher. Nous __________ un ______________ avec vos _______

________________, cet ____________________ à ___________

______________. »

Un _______________ les __________ passer à la queue leu leu :

__________, ___________, __________, __________. Ouf, quelle

___________ ___________!

## Dictée

_______________________________________________

_______________________________________________

_______________________________________________

_______________________________________________

_______________________________________________

_______________________________________________

_______________________________________________

_______________________________________________

_______________________________________________

_______________________________________________

_______________________________________________

_______________________________________________

_______________________________________________

## Dictée trouée

Les ________ ne ________ ________ ________ quel ________ jouer. « Si ________ ________ Martin, il ________ ________ bicyclette et il ________ ________ rejoindre. Il ________ ________ de ________ idées, ________ nous ________ à quoi jouer. » « Faisons une ________ de ________, » propose-t-il. « ________, ________, ________, ________, ________, ________, ________, ________, ________, ________... prêts, pas prêts, j'y ________. » « Tu triches, Martin, tu ________ des ________. » Il ________ de bon coeur. ________ s'________ ________ ________ Martin ________ jouer ________ nous.

## Dictée

## Dictée trouée

Le ______ ______ ______ ______ ______ ______
dans son ______. Il ______ seul et il ______ ______
d'amis. Il ______ ______ ______ librement dans la
______ ______ qui se jette ______ la ______. Je
______ me ______ des amis, se dit-il. ______,
nous ______ ______ les recoins ______
des grottes et ______ des ______ enfouis
______ de ______ ______.
______ que nous ______ des coraux ______
couleurs resplendissantes et des ______ de ______ très
______. ______ ______ je ne ______
toutes ______ ______ ______. C'est ______
de ______ ______ dans un ______ ______.

## Dictée

# Notes

# Notes

Notes

# Notes

# Corrigé

## Leçon 1

### Exercice 1

1re p. s. : je crois, je veux ; 2e p. s. : tu cours, tu dis ; 3e p. s. : il cherche, on pense ; 1re p. p. : nous prenons, nous allons ; 2e p. p. : vous savez, vous êtes ; 3e p. p. : elles chantent. ils dorment.

### Exercice 2

Ton cousin : Il mange ; Ta soeur : Elle mange ; Sébastien et Hugo : Ils mangent ; Les hirondelles : Elles mangent ; Ses cousines : Elles courent ; Le chien : Il court ; Les enfants : Ils courent ; Karine : Elle court.

### Exercice 3

**M**on amie s'appelle **M**arie-**J**osée **L**aliberté.
**N**ous visiterons de belles régions du **Q**uébec cet été.
**A**vez-vous nourri **F**ido ce matin **?**

### Dictée trouée 1

Les artistes du cirque préparent leur numéro. Les enfants ont acheté un billet. Ils ont hâte de voir les clowns, les lions et les acrobates s'élancer sur la piste. Attention, dans un instant, le spectacle va commencer.

### Dictée 1

Les artistes du cirque voyagent beaucoup.
Ils visitent de nombreux pays.
Les animaux donnent un spectacle magnifique.
Gustave aime aller au cirque.

## Leçon 2

### Exercice 1

Tu as beaucoup d'amis. Le lapin a creusé son terrier. J'ai perdu mon livre. Nous avons des jeux intéressants. Elles ont beaucoup de travail. Vous avez raison.

### Exercice 2

Ma chatte a quatre ans. Justin a un sac à dos bleu. Elle a soif. Ceci est une planche à repasser. Je t'attendrai à la gare. Mon cousin vit à Québec. Ta soeur a les cheveux blonds. La poire a des pépins. On a pris l'autobus à trois heures.

### Exercice 3

lièvre**s**, girafe**s**, tortue**s**, poire**s**, loup**s**, oie**s**, livre**s**, bonbon**s**, chatte**s**, sac**s**, fruit**s**, ami**s**.

### Dictée trouée 2

Les lions du zoo ont un lionceau. Il a déjà de belles grosses dents. Le petit de la girafe s'appelle le girafeau. Il aime surtout manger les feuilles des arbres. L'éléphant fait des tours d'adresse pour les enfants et les adultes.

### Dictée 2

Au zoo, nous avons vu des zèbres.
Le vétérinaire soigne les animaux malades.
Gustave a aidé le gardien à préparer les repas des animaux.
Les singes ont surtout mangé des fruits.

## Leçon 3

### Exercice 1

Tu es chanceux. Le renard est dans sa tanière. Je suis une bonne lectrice. Nous sommes de bons amis. Elles sont parties les premières. Vous êtes au coeur de l'action.

### Exercice 2

Xavier est un enfant gentil et poli. Sonia mange son yogourt et son fruit. Cet air est très mélodieux. Guillaume est parti. Sandra s'achète un bonbon et de la crème glacée. Joséphine est une mignonne petite souris.

### Exercice 3

Il a trouvé des boyaux parmi les râteaux et les marteaux. Cette bicyclette est vendue avec des pneus larges et des feux rouges et bleus. Mes neveux ont des (ou de) nouveaux chapeaux. Les animaux font des récitals harmonieux.

### Dictée trouée 3

Je suis un bébé requin. Mon père et ma mère m'apprennent des jeux d'adresse. J'aime bien m'amuser dans les eaux bleues des océans avec mon petit frère et ma petite soeur. Ils sont gentils et très espiègles. Nous sommes une famille unie.

### Dictée 3

Gustave est content d'être avec ses amis. Ils jouent avec des chevaux de bois et des marteaux bleus. « Où sont les pneus de la petite voiture ? » « Ils sont dans le coffre à jouets. Regarde à gauche sous la pile de journaux. »

## Leçon 4

### Exercice 1

| *je* | *tu* | *il, elle, on* |
|---|---|---|
| parle | regardes | pense |
| croque | danses | mange |
| monte | marches | chante |
| *nous* | *vous* | *ils, elles* |
| profitons | regardez | jouent |
| fêtons | gagnez | nagent |
| restons | devinez | écoutent |

### Exercice 2

une fenêtre ensoleillée, un goût prononcé, un carré de liège, une chèvre blessée, des vêtements séchés, des lèvres gercées, une espèce découverte, une bête gelée, un hôpital réputé, une réponse exacte, un frère attristé, une fête organisée, un crâne allongé.

### Exercice 3

| | |
|---|---|
| des cailloux | huit minous |
| deux clous | neuf éventails |
| trois chandails | des travaux |
| quatre détails | dix genoux |
| cinq choux | onze épouvantails |
| des kangourous | douze bijoux |
| six vitraux | treize émaux |
| sept hiboux | |

### Dictée trouée 4

C'est déjà le mois de février. Je pense que ce sera bientôt la fête de Josée. Tous les enfants aiment les fêtes. Tu te prépares, tu achètes un petit cadeau et le tour est joué. On chante, on danse, on mange et on s'amuse avec les nouveaux joujoux.

### Dictée 4

Une petite plante verte pousse et pousse encore devant ma fenêtre ouverte. Je lui donne de l'eau, mais pas trop. Je rêve du jour où ma plante verte me dira bonjour le matin et changera ma chambre en forêt enchantée.
Adapté de *Ma plante !*, Michel Aubin, Trécarré, collection « Lirelyre », 1994.

## Leçon 5

### Exercice 1

| | |
|---|---|
| Tu finis | Je choisis |
| Nous réagissons | Ils bâtissent |
| On réussit | Vous grandissez |
| Vous réunissez | Il nourrit |
| Tu salis | Nous pâlissons |
| Elles finissent | Je bâtis |

### Exercice 2

glace, gâteau, cigare, façon, plongeon, astuce, magasin, faucon, confiture.

### Exercice 3

| | | | |
|---|---|---|---|
| souris | soulier | prix | chapeau |
| cadeau | ananas | voiture | tapis |
| noix | lampe | repas | choix |
| chandail | croix | veste | lit |
| chocolat | chaise | nez | école |

### Dictée trouée 5

La souris est gourmande. Elle choisit parmi beaucoup de desserts. Elle finit par prendre un gâteau aux carottes, des noix et une glace avec de la confiture. Son amie (ou ami) s'avance vers elle : « Tu te nourris mal. Moi, je n'aurais pas mangé tout ça. » Et toi ?

### Dictée 5

Beaucoup d'ouvriers bâtissent des maisons. Parmi eux, il y a le maçon. Il élève les murs et assemble les briques avec du ciment. Le plombier installe les tuyaux. Le peintre propose des couleurs pour les murs. La famille choisit alors la décoration de sa nouvelle maison.

## Leçon 6

### Exercice 1

il dit ; je vais ; vous faites ; elles vont ; nous faisons.
elle fait ; vous dites ; nous allons ; ils disent ; tu vas.

### Exercice 2

| | |
|---|---|
| content | impossible |
| singe, songe | planche |
| jambe | champignon |
| bombe | emporter |
| pantalon | septembre |
| bonbon | menton |

### Exercice 3

| | |
|---|---|
| un champ de patates | une balle de golf |
| une tranche de pain | un paire de souliers |
| un mur de pierres | un jeu de cartes |
| une semaine de congé | un bloc de ciment |
| un manteau de laine | une boîte de crayons |
| un album de photos | une pomme de terre |

### Dictée trouée 6

Au mois de décembre, je vais aller faire du ski dans les Rocheuses avec mes parents. J'ai toujours rêvé de faire ce voyage. Mon père dit qu'une bombe ne fait pas autant de bruit que moi. C'est normal, je suis excité. Ça fait tellement longtemps qu'on se prépare. De plus, on va m'acheter une nouvelle paire de bottes. Qu'est-ce que vous en dites ?

### Dictée 6

Monsieur éléphant va à l'épicerie avec ses neveux. « Je fais des recettes de bonbons, dit-il. Donc, nous allons prendre des champignons et des concombres. Ensuite, il faut un piment rouge si je ne me trompe. » « C'est impossible, disent les neveux en riant. »

## Leçon 7

### Exercice 1

On prend l'avion qui décolle à neuf heures.
Nous ne savons pas quelle direction prendre.

Mes grands-parents viennent de partir.
Vous prenez la prochaine rue à droite.
Dominic ne sait pas sur quel pied danser.
Tu viens au cinéma avec nous ?
Louis et sa soeur prennent leur temps.
Amélie vient juste de partir.
Je sais où sont cachés les bonbons.

### Exercice 2

chemin, pinceau, ceinturon, certain, patin, éteint, fusain, teinture, cousin, urbain, essaim.

### Exercice 3

une amie timide, un élève persévérant, une enfant surprise, un étudiant pressé, un parent éloigné, une adulte serviable, une artiste enthousiaste, un lapin agile.

### Dictée trouée 7

Un jeune pingouin prend souvent plaisir à jouer des tours. Demain, se dit-il, je surprends mon amie l'otarie. Si elle fait la sieste, je vais lui chatouiller le bout du nez. Le lendemain, il vient pour la chatouiller. Soudain, il glisse et tombe dans la mer. Ses amies otaries viennent autour de lui. « Tu prends ton bain, petit coquin ? »

### Dictée 7

Marilou a hâte d'aller à l'école. Elle sait bien ses leçons. Elle prend son bain et se brosse les cheveux. Souvent le matin, son chat Grisou se promène autour d'elle. Vite, Grisou, l'autobus vient me prendre à huit heures.

## Leçon 8

### Exercice 1

il, elle, on veut ; nous pouvons ; je, tu vois ;
ils, elles veulent ; je, tu peux ; nous voyons ;
je, tu veux ; vous pouvez ; il, elle, on voit ;
nous voulons ; il, elle, on peut ; ils, elles voient.

### Exercice 2

Ma grand-mère se berce. Ce crayon est à moi. Gustave se repose en ce moment. J'ai trouvé ce ballon. Jules se lève tôt. Ce jeune chat aime se cacher sur ce balcon. On se promène dans le bois. L'acteur se dirige vers la sortie.

### Exercice 3

La chienne est une bonne gardienne ; Une espionne canadienne ; Ma cousine coquette ; Une criminelle secrète ; Ma cadette.

### Dictée trouée 8

La petite lionne ne veut jamais se brosser les dents. Elle fait juste semblant pendant que sa soeur cadette se peigne. « Je veux que tu te brosses les dents », dit sa mère. « Je ne peux pas parce que ma soeur prend toute la place. » Mais sa mère voit que ce n'est pas vrai. « Ce matin, nous allons chez le dentiste. » Il lui arrache trois dents. « Tu vois maintenant, petite têtue, tu es bien avancée. »

### Dictée 8

Les tortues sont des reptiles. Leur corps est enfermé dans une carapace. On voit des tortues sur la terre mais aussi en eaux douces ou salées. Elles peuvent vivre très longtemps. Si on te dit que tu marches à pas de tortue ou que tu avances comme une tortue, c'est parce que tu ne dois pas être trop rapide.

## Leçon 9

### Exercice 1

J'avais peur de ce chien. Vous aviez perdu un gant. Paul et Marie avaient très froid. Tu avais douze bandes dessinées. Nous avions un perroquet. Frédéric avait mal au ventre.

### Exercice 2

*ian, ien, ion* : champion, triangle, espion, combien, mien, pliant.
*ain, ein, oin* : ceinture, refrain, point, rein, lointain, bain.

### Exercice 3

une polici**ère** viv**e**, une anima**trice** merveill**euse**, une sporti**ve** acti**ve**, la derni**ère** nag**euse**, une moni**trice** moqu**euse**, une lec**trice** heur**euse**, l'ac**trice** talentu**euse**, l'ouvri**ère** oisi**ve**.

### Dictée trouée 9

L'enseignante questionne Charlot : « Une fermière avait vingt chiens dont elle ne prenait pas bien soin. Elle en a perdu neuf. Il lui en reste combien ? » Si je fais un moins, je trouve la réponse. Voyons, vingt moins neuf... Tout à coup, Charlot s'embrouille et n'arrive plus à compter. Il entend rire ses camarades. Tôt ou tard, je dois donner la réponse. Onze ! Ouf, ainsi je suis sauvé !

### Dictée 9

Petite, mes parents m'avaient expliqué que j'avais cinq sens. La vue, l'ouïe, l'odorat, le goût et le toucher. Avec mes yeux, je vois la neige qui tombe et la couleur de tes cheveux. Avec mes oreilles, j'entends le bruit du vent. Avec mon nez, je sens l'herbe mouillée. Avec ma langue, je goûte la crème glacée et avec ma peau, je sens la caresse de grand-maman sur ma joue.
Adapté de *Découvrir le monde*, Françoise Ligier, Trécarré, collection « Lirelyre », 1994.

## Leçon 10

### Exercice 1

Nous étions au même endroit.
Lucie et Denis étaient juste avant nous.

J'étais la première arrivée.
Sébastien était blanc comme du lait.
Vous étiez heureux d'être en voyage.

### Exercice 2

une fam**ille**
un s**ill**on
une trouv**aille**
la van**ille**
une chen**ille**
la méd**aille**

du cor**ail**
le chand**ail**
une coqu**ille**
une m**aille**
ils br**ill**aient
un évent**ail**

### Exercice 3

un chandail bleu
une blouse bleue
des ballons bleus
des jupes bleues

une glissoire amusante
des jeux amusants
des collections amusantes
un jouet amusant

des glaces sucrées
un bonbon sucré
des raisins sucrés
une pêche sucrée

## Dictée trouée 10

Pierre était fou de ses deux petites gerbilles. Elles étaient très enjouées. Elles avaient une couleur sable et une longue queue. Avant, sa mère n'avait jamais voulu en avoir chez elle. « Maman, je promets de bien m'en occuper », avait-il dit. « Peut-être », avait répondu sa mère. Un jour, après la classe, son amie Karine lui a dit qu'elle avait deux gerbilles domestiquées à donner. La mère de Pierre a dit oui. Youpi ! Pierre n'avait jamais été aussi heureux !

## Dictée 10

Gustave était en promenade dans la forêt près de chez lui avec sa famille. Tout à coup, il entend un drôle de bruit. Il avance un peu et voit deux oisillons tombés de leur nid. Ils sont peut-être blessés. Il demande au médecin papillon de s'occuper des oisillons malades. Maintenant ils sont guéris et ils ont retrouvé leur mère. Ainsi tout est bien qui finit bien.

## Leçon 11

### Exercice 1

Mon père habitait à la campagne quand il était petit. Tu ouvrais la porte. Nous recevions un cadeau. Vous partiez trop tard. Je mangeais du yogourt. Les enfants attendaient l'autobus. Nous nous amusions comme des petits fous.

### Exercice 2

Gustave a perdu sa f**euill**e de mathématique. Les oiseaux gaz**ouill**ent dans le f**euill**age. Quel merv**eill**eux sol**eil** ! Le fen**ouil** a des f**euill**es comestibles. Un écu**reuil** tentait de rév**eill**er une gren**ouill**e.

### Exercice 3

Ce train arrêt**e** à chaque gare. Mes parents cherch**ent** le chat. On mang**e** des fruits de mer. Ma copine travaill**e** au cinéma. Amélie et Karine saut**ent** à la corde. Mon frère march**e** lentement. Gustave et ses amis jou**ent** dans le parc. Les jumeaux mesur**ent** un mètre trente. Je partag**e** ma collation. Grand-père se repos**e** sur le balcon. Les comédiens donn**ent** un beau spectacle.

## Dictée trouée 11

Aujourd'hui, le vent soufflait de plus en plus fort. Les arbres penchaient dangereusement. Peu à peu les feuilles s'élevaient dans les airs. Les passants couraient jusqu'à leur maison. Jeannot était blotti sous ses couvertures. Il avait peur parce qu'il faisait de plus en plus noir. Maintenant, une grenouille géante frappait et voulait entrer par la fenêtre de sa chambre. « Maamannn ! » « Mais non, rendors-toi mon petit, tu rêvais dans ton sommeil. »

## Dictée 11

« Quand j'étais petite, me racontait grand-mère, j'avais une jolie fleur que j'aimais beaucoup. Elle n'avait qu'une seule feuille sur sa tige. Je l'arrosais un peu chaque jour. Elle grandissait peu à peu parce qu'elle était au soleil. Je me demandais toujours pourquoi d'autres feuilles ne poussaient pas. Et tu vois, je me le demande encore aujourd'hui. Elle est drôle, ma grand-mère ! »

## Leçon 12

### Exercice 1

J'**allais** à l'école du quartier. Vous **faisiez** vos devoirs. Je te **disais** que tu **avais** raison. Tu **faisais** peur à mon frère. Elle **allait** à la bibliothèque. Elles **faisaient** partie de cette équipe. Nous leur **disions** au revoir.

### Exercice 2

**Mes** lapins sont petits **mais** ils grossiront vite. Je crois que **mes** souliers sont parmi **mes** jouets. J'ai perdu **mes** biscuits **mais** ma mère m'en donnera d'autres. **Mes** cousins viendront chez moi **mais** je dois patienter encore deux semaines.

### Exercice 3

Je vous (écrirez, écrirai) une lettre.
J'achète des bonbons et je les (partage, partagent).
Je vous (téléphonerai, téléphonerez) bientôt.
Justin les (croyaient, croyait) déjà partis.
Je les (trouve, trouvent) tellement beaux, tes dessins.

### Dictée trouée 12

Sophie faisait son exposé oral et elle était un peu nerveuse. « Je vais vous raconter mes vacances de l'été dernier. Je suis allée au camp scout pendant dix jours. On nageait presque tous les jours et on faisait de la planche à voile. On se promenait à cheval partout autour du camp. Parfois, on allait ramasser des fraises et on les donnait aux plus jeunes. Mais ce que j'aimais surtout, ce sont les secrets que me disaient mes amies (ou amis) le soir quand on se couchait. J'ai aimé mon séjour et j'ai hâte à l'été prochain. »

### Dictée 12

Grignote la marmotte cherchait ses amis mais elle ne les trouvait pas. Partout où elle allait, on lui répondait toujours qu'on ne savait pas où ils étaient. Tout à coup, elle a vu le lièvre qui arrivait en courant. Elle lui a demandé : « Mais où sont donc tous mes amis ? » Grignote avait oublié. Ils étaient tous au gros rocher. Il y avait un concert populaire au bal des abeilles.

## Leçon 13

#### Exercice 1

Elle croyait qu'ils venaient de Québec.
Je savais par où commencer.
Nous prenions la même route que lui.
Éric et Julie savaient leurs leçons par coeur.
Tu prenais la peine de bien étudier.
Elle venait à la bibliothèque chaque jour.
Vous preniez l'autobus.

#### Exercice 2

On a lavé nos pupitres ce matin. Des élèves ont déjà fini.
Mais non, Gustave, on met une majuscule aux noms propres !
On a perdu notre perruche mais nos voisins l'ont retrouvée.
Les joueurs de l'équipe ont compté trois buts. Aujourd'hui, on fête notre victoire.

#### Exercice 3

Les élèves qui (aime, aiment) le ski iront à Sainte-Adèle et ceux qui (préfèrent, préfère) glisser iront à Saint-Sauveur. Est-ce ton ami qui (s'amuse, s'amusent) dans le parc en ce moment ? J'observe les écureuils qui (saute, sautent) d'arbre en arbre. J'aime les fleurs qui (poussent, pousse) à l'état sauvage. Regarde ce clown qui (escaladent, escalade) le manège.

### Dictée trouée 13

L'année dernière, mes parents avaient dit qu'ils ne savaient pas où on allait en vacances. Chose certaine, ils ne voulaient rien faire. Rien de rien. Ils voulaient seulement se reposer, qu'ils disaient. Ils ont finalement décidé qu'on irait au bord de la mer. Nous avons donc rempli la voiture et nous sommes partis tout de suite après. Pas besoin de vous raconter en détail tous les malheurs de ce voyage : crevaison, mauvais temps, perte du portefeuille de papa, foulure pour maman... Et pourtant, ils voulaient juste se reposer !

### Dictée 13

Autrefois, on avait une famille originale, me disait mon grand-père. Des oncles qui savaient chasser les pirates. Des grands-mères qui venaient à l'église en patins. Des tantes rigolotes qui grignotaient toujours des carottes. Une cousine qui magasinait en Chine et un frère qui se promenait à dos de dromadaire dans le désert.
Adapté de *Ma grande famille*, Linda Brousseau, Trécarré, collection « Lirelyre », 1994.

## Leçon 14

#### Exercice 1

je voyais, il pouvait, vous vouliez, nous voyions, elles disaient, tu faisais, nous prenions, ils voyaient, il pouvait, il voulait.

#### Exercice 2

Il cherche son cartable. Son père et son frère sont au village. Elles sont parties avec son ballon. Je ne connais ni son adresse ni son numéro de téléphone. Le chocolat est son dessert favori. Nos amis sont allés en Europe.

#### Exercice 3

finit, veux, aiment, trouve, prend, cacherai, sais, allaient, pensait, choisis, donnes, cherche, voyais, est, suis, allons, prends, peut.

### Dictée trouée 14

Notre professeur nous raconte : « Je travaillais dans une fabrique de chocolat. Je crois que vous savez que le chocolat est fait à partir de cacao. J'ai compris que le cacao poussait dans un arbre appelé le cacaotier. Celui-ci contient des fruits remplis de fèves. Les ouvriers s'assoient dehors et extraient les fèves des fruits. Quand les fèves arrivaient à l'usine et que nous voulions faire du chocolat, on les faisait griller avant de les réduire en poudre. Ensuite, on pouvait faire chauffer la poudre, y ajouter du sucre et couler le liquide ainsi obtenu dans différents moules. »

### Dictée 14

Depuis que Gustave était allé visiter une usine de chocolat avec sa classe, il ne voyait que des objets en chocolat. La nuit, il rêvait qu'il se promenait dans une forêt remplie d'arbres et d'oiseaux en chocolat. À l'école, son professeur voulait travailler les multiplications. Il lui a alors demandé combien font trois paquets de quatre. Sais-tu ce qu'il a vite répondu ? Douze oiseaux en chocolat !

## Leçon 15

### Exercice 1

Conditionnel présent : j'aurais, tu aurais, on aurait, nous aurions, vous auriez, elles auraient. Indicatif futur simple : j'aurai, tu auras, il aura, nous aurons, vous aurez, ils auront.

### Exercice 2

Ma mère m'a appris une comptine. Elle m'a fait réciter les mots plusieurs fois.
Ta cousine t'a téléphoné. Elle t'a demandé de lui montrer ta grenouille verte.
François a été turbulent. La directrice l'a fait venir à son bureau. Elle l'a bien averti. La leçon lui sera profitable.

### Exercice 3

| | | |
|---|---|---|
| tu e**s** | tu touche**s** | tu uni**s** |
| tu a**s** | tu bouge**s** | tu grandi**s** |
| tu par**s** | tu veu**x** | |
| tu sor**s** | tu peu**x** | |

### Dictée trouée 15

Deux familles de grenouilles habitent des mares voisines.

- Maman, est-ce que j'aurai le droit d'aller jouer avec mon cousin Plouc quand j'aurai terminé de manger ? Il m'a dit qu'il voulait me montrer son nouveau baladeur sans fil.
- Tu veux rester jusqu'à quelle heure ?
- Lorsque ma tante me dira de partir, je vais revenir.
- Très bien mais aurais-tu l'amabilité d'emmener ta petite soeur Rosine avec toi ?
- Euh...
- Bon, je crois que nous aurons une petite discussion.

### Dictée 15

Plouc attendait son cousin Ploc. Je me demande si on aura des bonbons, pensait-il. Quand son cousin est arrivé, ils ont sauté jusqu'à la mare. « Est-ce que je vois bien, Plouc ? Tu as de gros boutons jaunes sur la peau. » « Maman ! » Sa mère l'a bien examiné. « Je n'aurais jamais pensé que tu aurais la varicelle. »

## Leçon 16

### Exercice 1

*Indicatif futur simple*
Nous serons avant toi.
Il sera fidèle.
Elles seront heureuses.
Je serai le premier.
Tu seras en retard.
Vous serez en vacances.

*Conditionnel présent*
Nous serions avant toi.
Il serait fidèle.
Elles seraient heureuses.
Je serais le premier.
Tu serais en retard.
Vous seriez en vacances.

### Exercice 2

Aimes-tu **mon** nouveau chandail ?
Mes parents **m'ont** offert une paire de skis.
J'aime m'amuser avec **mon** chien et **mon** hamster.
Mes professeurs **m'ont** dit que **mon** travail était excellent.
**Mon** ami Pierrot m'a écrit un mot.

### Exercice 3

**d** : comprend, surprend, défend ; **a** : a, aura, sera ; **t** : choisit, dit, sait ; **e** : donne, partage, passe.

### Dictée trouée 16

Quand je serai grand, dit Gustave, je serai boulanger comme mon oncle Brioche. J'expliquerai aux gens comment faire du bon pain. Il faut prendre de la farine, du sel, de l'eau et de la levure. On mélange assez lentement pour obtenir une belle pâte à pain. On place ensuite cette pâte dans des moules et on la laisse reposer. Lorsqu'elle sera gonflée grâce à la levure, elle sera prête à cuire. Vous trouvez déjà que ça sent bon ? Attendez que je fasse mes petits gâteaux à la crème et au chocolat !

### Dictée 16

Deux girafeaux avancent lentement dans la forêt. « Mes parents m'ont dit que j'aurai un cou long comme celui de toutes les girafes quand je serai adulte, dit l'un. » « Et comment, dit le plus gourmand. Moi, je serai assez grand pour manger les feuilles les plus hautes des arbres. » « Je pense même que tu serais capable d'atteindre les étoiles, lui dit en riant son ami. »

## Leçon 17

### Exercice 1

Bien vérifier la lettre majuscule au début et le point à la fin de chaque phrase. Penserais, finirons, chercheront, partirais, pousserait, penserez.

### Exercice 2

gran**d** : grande, grandeur, agrandir ;
ouver**t** : ouverture, ouverte, ouvertement ;
froi**d** : froide, froidure, refroidir ;
parfai**t** : parfaite, parfaitement, parfaire ;
dra**p** : draper, draperie, drapeau.

### Exercice 3

| | |
|---|---|
| nous comprendrons | comprendre, ind. futur simple |
| nous avions | avoir, ind. imparfait |
| nous sortirions | sortir, cond. prés. |
| nous sommes | être, ind. prés. |

### Dictée trouée 17

Un poète s'ennuyait beaucoup. Il rêvait de vivre seul sur sa planète. « Là-bas, je suis certain que j'écrirai des poèmes merveilleux que tous les enfants du monde aimeront. J'inventerais aussi des mots nouveaux et des paroles de chansons amusantes. Aussitôt que la fée Rêveuse arrivera, je lui demanderai de me trouver la planète idéale. » La fée est arrivée et elle l'a amené sur la planète Mimo. Il sera très content, se dit la fée, mais un jour il commencera à s'embêter, tout seul sur sa planète. Alors, je le ramènerai ici, sur la planète Terre.

### Dictée 17

J'aime l'automne. Lorsque le vent s'élèvera, les feuilles des arbres s'envoleront. La pluie commencera à tomber et nous fermerons aussitôt nos fenêtres. Si le vent s'élève encore plus, les pommes tomberont des pommiers. J'observerai un passant qui perdra son chapeau. Il se mettra à courir mais mon chien l'attrapera avant lui. J'aime l'automne quand il me fait rire.

## Leçon 18

### Exercice 1

ira : fut. s., 3$^{e}$ p. s. ; diriez : cond. prés., 2$^{e}$ p. p. ; iront : fut. s., 3$^{e}$ p. p. ; ferais : cond. prés., 1$^{re}$ ou 2$^{e}$ p. s. ; dirai : fut. s., 1$^{re}$ p. s. ; feras : fut. s., 2$^{e}$ p. s. ; irions : cond. prés., 1$^{re}$ p. p. ; feront : fut. s., 3$^{e}$ p. p.

### Exercice 2

réveille-matin, avant-hier, essuie-glace, après-midi, casse-croûte, porc-épic.

### Exercice 3

vous changez, vous iriez, vous aviez, vous pourrez, vous faites.

### Dictée trouée 18

Deux oiseaux-mouches observent leurs nouveaux oisillons. Quatre beaux nouveau-nés, un mâle et trois femelles. Avec nos quatre de l'année dernière, nous avons maintenant huit enfants.
« Allez, les petits, vous feriez mieux de vous dépêcher. Nous ferons un pique-nique avec vos six cousins, cet après-midi à cinq heures. »
Un porc-épic les voit passer à la queue leu leu : sept, huit, neuf, dix. Ouf, quelle grande famille !

### Dictée 18

Pierre et Cyrille étaient très nerveux ce matin. Si leur équipe gagnait les trois prochaines parties, ils iraient au championnat de hockey le printemps prochain. Ils ont bien joué et ont gagné sept à quatre contre l'équipe adverse. Il faut dire qu'ils ont compté chacun deux buts. Ils ont hâte à la prochaine partie. Ils se demandent comment ils feront pour attendre encore huit jours.

## Leçon 19

### Exercice 1

*Indicatif futur simple* : Nous prendrons ce train. Elles viendront plus tard. Il saura bien retrouver son chemin. Vous prendrez la 2$^{e}$ rue à droite. Il viendra au musée avec nous. Elles sauront comment s'y prendre. Je le saurai (ou prendrai) la prochaine fois.
*Conditionnel présent* : Saurais-tu où est ma règle ? Nous viendrions si nous avions le temps. Elle prendrait bien un bonbon. Ils sauraient où est le trésor. Vous prendriez le meilleur. Je viendrais mais ma mère ne veut pas. Elles prendraient des guimauves grillées.

### Exercice 2

trois, sept, onze, quatorze, quinze, dix-neuf, vingt et un, vingt-cinq.

### Exercice 3

*Indicatif présent* : ils s**ont**, elles aim**ent**, ils part**ent**.
*Indicatif imparfait* : ils all**aient**, ils pren**aient**, elles uniss**aient**.
*Indicatif futur simple* : elles au**ront**, ils pour**ront**, elles garde**ront**.
*Conditionnel présent* : ils ver**raient**, ils sau**raient**, elles di**raient**.

### Dictée trouée 19

Les jumeaux ne savaient jamais à quel jeu jouer. « Si on appelait Martin, il prendrait sa bicyclette et il viendrait nous rejoindre. Il a toujours de bonnes idées, alors nous saurions à quoi jouer. » « Faisons une partie de cache-cache, propose-t-il. Onze, douze, treize, quatorze, quinze, seize, dix-sept, dix-neuf, vingt et un, vingt-cinq... prêts, pas prêts, j'y vais. » « Tu triches, Martin, tu sautes des nombres. » Il rit de bon coeur. On s'amuse toujours quand Martin vient jouer avec nous.

### Dictée 19

La classe de Sara avait organisé un concours de recettes de sorcières pour l'halloween. Le gagnant dévoile maintenant le secret de sa potion magique. « Je prendrais vingt pattes d'araignées, soixante oreilles de chauves-souris, quarante queues de tortues, cinquante yeux de couleuvres et cent ailes de mouches. Les enfants qui prendront de ma potion seront plus intelligents. En prendrais-tu, toi ? »

Corrigé

## Leçon 20

### Exercice 1

il verra; je voudrais; vous pourrez; elles pourront; nous verrions.
elle pourra; vous verriez; nous voudrons; ils pourraient; tu voudrais.

### Exercice 2

Gustave est embêt**é**. Il a essay**é** de compt**er** les fautes de sa dictée mais il s'est tromp**é**. Il avait compt**é** huit fautes. Je vais recommenc**er**, se dit-il. Son ami l'a aid**é** et ils ont trouv**é** l'erreur. Bravo! Il est all**é** donn**er** sa feuille à son professeur.

### Exercice 3

Alexandre **ne** mange **pas** sa collation. Olivier **n'**est **pas** revenu de l'école. Tu **ne** choisis **pas** le chandail bleu. On **ne** veut **pas** y aller. Il **n'**a **pas** retrouvé son chien.

### Dictée trouée 20

Le petit poisson doré n'est pas heureux dans son bocal. Il est seul et il n'a pas d'amis. Il voudrait tant nager librement dans la belle rivière qui se jette dans la mer. Je pourrais me faire des amis, se dit-il. Ensemble, nous pourrions explorer les recoins secrets des grottes et trouver des trésors enfouis depuis de nombreuses années. Peut-être que nous verrions des coraux aux couleurs resplendissantes et des espèces de poissons très rares. Mais jamais je ne verrai toutes ces belles choses. C'est triste de toujours nager dans un petit bocal.

### Dictée 20

Comme je suis malheureux, se dit le petit poisson doré. Il tourne en rond dans son bocal et, tout à coup, il se met à pleurer. Il a tant pleuré et pleuré pendant vingt jours que l'eau de son bocal a monté et a fini par déborder. Le poisson a glissé et l'eau a coulé, coulé, du jardin jusqu'au ruisseau. Et du ruisseau jusqu'à la rivière. Maintenant le petit poisson doré n'est plus triste. Il est tout fier de promener ses écailles de lumière dans la rivière.
Adapté de *Le petit poisson doré*, Pierre Coran, Trécarré, collection « Lirelyre », 1994.

### Message secret des pages centrales

J'aime travailler avec toi. Passe de bonnes vacances. On se revoit en 4$^{e}$ année.

Achevé d'imprimer au Canada
en mai deux mille cinq
sur les presses de Quebecor World Lebonfon
Val-d'Or (Québec)